有效教养

EFFECTIVE REARING

定制更适合孩子的教养方案

王淑敏 著

北京理工大学出版社
BEIJING INSTITUTE OF TECHNOLOGY PRESS

图书在版编目（CIP）数据

有效教养 / 王淑敏著. —北京：北京理工大学出版社, 2018.11
ISBN 978-7-5682-6386-3

Ⅰ. ①有… Ⅱ. ①王… Ⅲ. ①家庭教育 Ⅳ. ①G78

中国版本图书馆CIP数据核字（2018）第223975号

出版发行 / 北京理工大学出版社有限责任公司
社　　址 / 北京市海淀区中关村南大街 5 号
邮　　编 / 100081
电　　话 / （010）68914775（总编室）
（010）82562903（教材售后服务热线）
（010）68948351（其他图书服务热线）
网　　址 / http: //www.bitpress.com.cn
经　　销 / 全国各地新华书店
印　　刷 / 三河市金元印装有限公司
开　　本 / 710 毫米 × 1000 毫米　1/16
印　　张 / 17
字　　数 / 190千字
版　　次 / 2018 年 11 月第 1 版　2018 年 11 月第 1 次印刷
定　　价 / 42.00元

责任编辑 / 田家珍
文案编辑 / 田家珍
责任校对 / 周瑞红
责任印制 / 施胜娟

序言

preface

为人父母是一件令人兴奋而又充满烦恼的事。孩子是父母爱情的结晶，也是血脉的传承。但随着时代的发展，面对如今想法比自己还多的孩子时，父母充满了各种管教的困惑。并且在培养孩子的过程中，也往往会走进一个误区——单方面致力于孩子的智力开发，而忽略了孩子性格培养的重要性。

父母对孩子的爱无私而又充满期许，这些期许如果运用得当，就会成为孩子努力上进的动力。但是，如果父母的期许过高，当孩子的行为没有达到父母的期望时，父母就会产生焦虑情绪，对孩子不满，甚至失望，亲子之间就会产生矛盾冲突。

在我们身边，常常会发现很多孩子稍有压力和挫折，就会产生严重的负面情绪，进而出现很多行为问题，不听话，叛逆，思想品质不好，自立性不强，责任心差等。

父母的不满与孩子的负面情绪交织，使得本就紧张的亲子关系恶化到了剑拔弩张的地步，如果再缺乏有效沟通，这种亲子关系必然会陷入恶性循环。而建立良好的亲子关系，培养一个具有良好教养的出色孩子就成了所有父母在教养之路上的衷心企盼。

本书力求通过改变思维进而改变行动，帮助父母和孩子形成新的亲子关系。从一个个案例中总结出如何与孩子有效沟通的经验，从教子误区中剖析出如何形成好的教养模式，阐释父母作为孩子榜样的力量，分析各个年龄阶段孩子的心理发展特点，推荐成功的教养方案。向读者呈现了有效教养的诸多细节，帮助孩子养成良好的行为习惯，促进孩子阳光自信的性格形成，为孩子养成适应社会的各种核心素养奠定良好的个性基础。

对于渴望获得成功教子经验的父母来说，这本书具有很大的参考价值。它注重结合当前国内家庭教育的实际情况，选用真实的案例，对问题进行深入的剖析与总结，具有较强的前瞻性，对父母教养孩子能起到具有真正意义的指导作用。我们有理由相信：在本书的指引下，父母的育儿之路一定会走得轻松而不迷茫，幸福而又充满希望。

CONTENTS 目录

Part 1 那些错误的教养思维会害了孩子

Part 1

那些错误的教养思维会害了孩子

爱是人类最美的情感，情爱、友爱、父母之爱……我们每个人都会被各种爱包围。然而，有时候爱得过了，便是温柔的伤害。

“慢”思维：“不急，慢慢来！”

对于教育，其实我内心赞同一种教育理念：不着急，让孩子按照他们本来的样子成长。如此，孩子们对自己好奇，对世界好奇，在好奇中去发现与探索，然后，认识自己，塑造自己。但是，在教育实践中，我们发现“慢”思维并不适合所有的孩子。如果父母一味以“慢”思维教育孩子，那么可能会适得其反，让孩子养成了“不着急”的心理和做事拖延的习惯，耽误了孩子的发展。

不是所有的孩子都适合慢教养

在台湾作家龙应台所著的《孩子你慢慢来》一书中，我们能感受到一位母亲对孩子细腻的呵护与理解。没错，教育孩子有时需要放缓节奏，毕竟孩子还小，但是我认为这也要根据孩子的个体发展而定，比如，对于做事喜欢拖延的孩子来讲，就不能再对他说孩子你慢慢来了。

桐桐是一名小学四年级的学生，由于父母工作繁忙，她的衣食起居全由奶奶照顾。刚上小学的时候，桐桐就有点“慢性子”，奶奶并没有觉得她与其他孩子有多么大的区别。但是，随着年龄的增长，奶奶发现桐桐无论做什么事都不着急，最让奶奶受不了的是桐桐每天做作业的时间，明明一个小时就可以完成的功课，她却总是拖拖拉拉，要三四个小时才能完成。奶奶本身是急性子，一看到桐桐拖延，就总要督促训斥几句。但桐桐并不在意奶奶的批评，依旧我行我素。尽管奶奶已经意识到桐桐的习惯对她的成长极为不利，但是除了每天哄劝、批评和训斥之外，根本无计可施。

桐桐的姑姑是一名小学教师，暑假在给桐桐补课的时候，发现桐桐的反应很快，但是专注力较差，往往写几分钟作业就会溜号，不是站起来走一圈，就是去吃零食；或者是手在写字，但是心不在焉，一个小时内至少要停下来五、六次，难怪每次作业都要用那么长的时间才能完成。姑姑问桐桐为什么不快点写，她总是不以为意，说反正还有时间，慢慢写也来得及。为此，奶奶还专门抽出时间陪桐桐写作业，可是桐桐每写一会儿，就要去做别的事情。奶奶不让她动，她也只是勉强配合，脸上显得不情不愿，只要奶奶一离开房间，桐桐就立刻恢复原样。

我们对桐桐的行为进行分析，这是一个典型的不能专心做事，觉得事事“来得及”的案例。一些父母常常对孩子的拖延习惯束手无策。孩子有一些不好的行为出现之后，大多数父母很难在第一时间发现并进行纠正，等意识到这个问题将严重影响到孩子发展的时候，往往这个行为已经发生了很多次，并且形成了习惯，作为父母便急于在短时间内改变孩子长期养成的习惯，显然这很难做到。

我们以桐桐的案例去分析孩子产生拖延习惯的原因。

孩子缺乏对学习的兴趣

孩子做任何事情都很难像成人一样迅速，案例中的奶奶又是个急性子，看到桐桐作业完成得慢，就常常催促。但孩子在做作业的时候，注意力应该在学习本身上，这样才会对学习产生好奇和兴趣，才会积极主动去完成作业。但是父母或他人的催促，会切断孩子对学习的注意力，孩子没有了积极的学习兴趣，而只把学习当成父母布置的一项任务来完成，完全没有了主观意识里的内在动力，其学习效率可想而知。

严重缺乏自信

奶奶性格中的强势，也会在无意中影响到孩子。长期得不到肯定和表扬，让桐桐觉得自己什么事都做不好，严重缺乏自信。如果奶奶的训斥中还总是夹杂着“别人家的孩子”怎样怎样，长此以往，这种严重打击桐桐自信心的说辞，会在她的心里逐渐形成一种思维定式：即使我认真去完成，也无法令奶奶满意，反正认真做和不认真做的结果都是一样的，那干脆就破罐子破摔吧。

隔代教育的溺爱

桐桐的案例并不是个例，而是现代社会家庭中普遍存在的问题，父母因工作繁忙，使孩子基本处于隔代教育的状态。老人对孙辈的娇惯，养成了孩子意识里事事有依靠的观念；老人凡事包办的态度，养成了孩子缺乏独立自主的个性。凡事都有人帮着做，会让孩子根本无法意识到如果这件事情不做，会有什么样的后果。所以，在孩子独立做事的时候，一直存在一种“等、靠”的心理，尽管孩子明白作业要自己独立完成，但是习惯已经形成，又缺乏自制力，所以做事拖延，是一个必然的结果。

大人不能以身作则

父母是孩子的第一任老师，孩子的很多行为习惯都会受到父母的熏陶影响。很多父母也有拖延的习惯，当孩子需要你的帮助，或者需要和你沟通的时候，你要么是玩游戏停不下来，要么是和别人聊天聊得火热……很多时候给孩子的回复是延迟的，长期下来，会直接影响孩子做事的习惯。

教育，从孩子出生那天就要开始

孩子在母体里就有了对外界的感知能力，因此，我们对孩子良好行为习惯的养成要从出生就开始。而良好的行为习惯培养要结合日常生活进行，从培养孩子的生活自理能力入手，进行养成教育。要帮助孩子形成良好的作息规律，按时起床、睡觉；孩子能做的事情尽量让他自己动手，比如穿衣、穿鞋；孩子的衣服、玩具以及其他的东西要摆放整齐，要求他玩完玩具之后要收拾整洁了再干其他事情等。

所谓：“冰冻三尺，非一日之寒”，许多孩子的“不着急”心理和事事拖延的习惯，绝不是一两天就形成的。所以，要想改变这种情况，父母也不能妄想一蹴而就，而是需要循序渐进地引导孩子改进并对孩子的行为进行长期的关注。

这需要反复练习，练习得越多，动作和习惯就越巩固。要让孩子通过这些活动掌握技能、养成习惯，形成一系列好的、健康的生活行为方式，并在日常生活中不断练习、强化，使之成为孩子的一种自觉行为。

良好生活习惯的养成，不仅对孩子在幼儿园和学校学习有很大的帮助，对孩子未来的身体健康，事业成功，生活幸福也是具有积极意义的。习惯养成的关键在于父母是否给予了孩子足够多的关爱和正确的引导培养方法，如果父母不用心，一切方法都只是形式，效果也不会理想。

在这里，我给各位父母提供一些具有可行性的参考建议。

给孩子制定可行的小目标

对于孩子做事拖延的习惯，差别强化的策略就非常有效。什么是差别强化呢？一种自发产生的行为倾向若受到强化，其再次出现的概率就会迅速上升，而目标行为的再次出现又为重复强化提供了机会，行为因此得以巩固和保留。相对而言，未被选择的行为倾向由于未能得到强化而消退或仅保留极低的再现概率。将这一原理用在孩子的习惯养成上，就是采取循序渐进的方式，分阶段要求孩子逐渐减少不良习惯发生的次数，最后减到可以接受甚至完全没有的情况。例如：孩子在完成作业时，不良行为（走神、吃东西等）会出现七、八次，那么父母可以先限定孩子在写作业时最多可以出现五次不良行为，并在他达到目标后予以肯定，让孩子感受到进步的喜悦，得到认可，以求再次改进，然后再逐步提高标准，三次、两次……最后就可以达到目标了。

帮助孩子明确时间概念

做事喜欢拖延的孩子，大多没有时间概念，不知道完成一项预定任务具体要多长时间，像桐桐一样，不管一次作业耗费多长时间，但她自己的脑子里并没有浪费了时间这个意识。在这种情况下，父母要帮助孩子预测完成任务的时间，同时教他学会罗列任务，从最后一个任务开始倒推，推算出每一个任务的开始和完成时间。要让孩子建立明确的时间观念，父母绝不能仅仅设定一个任务的开始时间，而还要去决定什么时候必须完成，让孩子清楚地知道实际可以利用的时间，这样才能有紧迫感去积极完成任务。

孩子完成目标，父母要适当奖励

很多孩子之所以能积极主动去完成某件事，是源于他们可以获得期望的奖励。对于孩子来讲，激发其内在驱动力最有效的方式就是适当地给予奖励。当父母对孩子进行差别强化时，就要给孩子设定专一的强化目标并进行奖励。选取孩子非常喜欢的、强烈需要得到的东西作为奖励，才会起到应有的强化作用，而那些对于孩子可有可无的东西，就很难起到驱动的作用。假如设定的强化目标是孩子特别喜欢的，在晚上七点钟放映的动画片，但如果他在晚上九点还可以看到同样的动画片，那么七点钟的动画片就失去了它的动力作用了。

父母要明确任务的结果

在面对某项任务时，父母必须要让孩子清楚要完成这项任务的人是谁，并且一定要收起自己的失望情绪，收起想要代办的欲望，不去为孩子做他自己能够做到的事。要让孩子清楚明白他必须要做完什么事情，做不完的后果究竟是什么。正所谓吃一堑，长一智，当孩子品尝到自己没有完成任务的苦果时，就会受到教训。因此，父母不要抱着拯救的态度去对待孩子，明确任务结果很重要。

学会尊重、理解和赞赏孩子

学会与孩子的有效沟通，是父母与孩子保持良好关系的前提。孩子是有自己主观意识的个体，作为父母要学会换位思考，对孩子的拖延行为表示理解，拉近与孩子的距离，让孩子明白拖延行为所产生的后果。同时，父母要学会克制自己质疑、愤怒和不信任的情绪，不要夸大孩子的问题，与孩子讨论拖延行为出现的原因，承认人不可能完美，对于孩子的不良行为给予合理化解释，这样才能克服孩子心中的恐惧，并建立起其改正不良行为的信心。同时，有进步就要给予适当的赞赏，使孩子体会到成功的喜悦。

放养思维："由着孩子去吧"

天下所有父母都希望自己的孩子能更好地成长，父母所做的一切，都是为了自己的孩子，但是，很多父母也常常因此走入一个误区。我发现，现在的父母越来越"尊重"孩子了。从过去千百年来孩子没有话语权的礼教，到现在的平等对话，这原本是社会教育的一大进步。但是，有很多父母对孩子的"尊重"，已经变成了"遵从"，这就不免矫枉过正，过犹不及了，凡事都由着孩子的性子，这样做反而会害了孩子。

给孩子应有的自由

在崇尚"爱与自由"的教育理念下，学会放手，给孩子自由，这本没有错，但父母必须在行为上给予孩子正确的引导。例如：要让孩子自由去玩，父母就必须为孩子提供科学、合理的玩耍素材。对于孩子的跑、跳、爬等活动，都不要过多限制，给孩子提供广阔的玩耍空间。但是，如果能在玩耍中针对孩子的发展需求，给予合适的引导和刺激，就会让孩子在玩中汲取到更多营养。例如：激发兴趣爱好、学会与伙伴合作、体验到美的教育以及提升心灵品质等等。这样在科学引导下玩大的孩子，无疑要比那种缺乏陪伴引导、独自疯玩的孩子，发展得更充分，也更容易适应接下来的各种学习任务和挑战，所以父母要给孩子应有的自由。

属于孩子自己的事情，放还选择权

父母可以不管原本属于孩子自己的事情，例如：穿什么衣服、选择什么作为自己的兴趣爱好等，让孩子按照自己的意愿去体验，去做选择，并独自承担选择的后果。但是，父母必须要用心为孩子提供选择的机会和范围。例如：不强迫孩子上哪个兴趣班，也不强制要求孩子必须放弃某个兴趣班，但是却应该给孩子提供接触这些兴趣班，探索兴趣的机会。如果孩子根本不曾接触过，那么连基本的选择权力都没有，这其实并不是自由，而是扼杀和局限，会极大限制孩子的发展。

给予自由，但要树立规则

父母可以无条件接纳孩子的情绪、情感，给他们表达的自由，但给予孩子的自由不是绝对的，它是和规则相对的。父母必须要对孩子的行为树立规则，因为没有规则就没有自由，规则是自由的前提，忽略规则的自由，会导致混乱最终失去自由；自由是规则的重要组成部分，没有自由或自由空间过小的规则最终会被自由打破。孩子一定要学会必要的行为规范，养成一套良好的生活和学习习惯，因为在他们长大以后，还有很多重要的课题需要面对。无论将来做什么，我们必须要帮孩子培养出适应现实环境的能力，要让孩子明白，有规则的游戏才更好玩，有规则的人生才更自由。

有些父母会在管教时担心自己是否对孩子过于严厉，因为这种担心而不敢去管教他和为他树立规则，这同样会导致孩子对于规则边界的不了解。勇于尝试是一回事，要做到收放自如却并不简单，所以，要让孩子知道什么时候该收手，不影响和伤害到自己和他人，也是很重要的。

父母需要去学习和了解在孩子成长的各个阶段应该给他树立的规则，而不是漫无目的地听之任之，害怕伤害孩子而不作为，这其实是另一种伤害。

了解孩子，因势利导

父母一定要熟知孩子的发展特点，并根据特点给予正确积极的引导。对于很多父母来说，像孩子什么时候开始爬行，什么时候开始行走这样的显性特征，也许还可以有一定的了解。但像孩子什么时候能够理解对方的视野；什么时候能够了解空间的关系；什么时候能够将自己的感受转化成对方的感受，进而理解对方的行为；什么时候能够理解坏人也会做好事，好人也会做坏事这类相对深奥的问题，其特征就没有像爬行和行走那么明显和容易了解了。而这种不了解所带来的，往往是父母对于孩子过高或者过低的期盼，过度或者不足的教育。

在孩子还不能自觉地整理自己房间的时候，斥责孩子为什么想不到整理房间；在孩子不能判断时间进度，达到自我控制、调整学习速度的时候，不断地催促孩子，这些行为其实都等于让还只能翻身的孩子去学走路，甚至跑步。这种做法导致的结果是：父母没必要的焦虑，让孩子产生过度的紧张和严重的挫败感。

反之亦然，当孩子能够自己吃饭，自己处理比较复杂的食材，或者孩子已经能够做出难度较高的精细动作时，父母却偏偏要代替孩子完成，这会使得孩子的发展严重滞后。这种滞后，会造成孩子实践经验和相关能力的缺乏，削弱孩子的自信心，增加他的依赖性，甚至可能影响到孩子日后发展的动力和发展意愿的不足。

由于不清楚正确的教育方法，缺乏必要、系统的训练，大多数父母与孩子的沟通方式都不够恰当。当父母与孩子独自相处的时候，往往是以一种他们心目中希望的状态去要求孩子。但事实上，父母对孩子的习性没有充分了解，而是按照自己心中认定的孩子的样子教养他，或直接生搬硬套书中父母带孩子的模式，是不现实的。父母应首先了解孩子的个性，然后再开始适度的管教。

放养和放任一样吗

当人们对过去自由散漫的童年生活的怀念和对当下教育压力的不满情绪杂糅之后，“放养”一词便应运而生。所谓的放养，便是让孩子回归到更自然的成长环境中，给予孩子尽可能的自由，将选择权交给孩子，减少来自成人等外部世界的管束。倡导启发式的教育在孩子成长过程中的重要性，崇尚自由，鼓励孩子们去表达、去创造、去选择、去发掘孩子们的天赋所在……这是看似相当美好的理想中的教育效果，但是却与现实存在很大的差距。“放养”的界限很难掌控，放的尺度不足，便多了束缚；放的尺度过大，则成了放任。

我们在教育子女的过程中，一定要清楚，放养不是放任孩子像野草似的野蛮生长，而是在随意的表面背后包含着对孩子发展和教育方法的了解和熟悉。

每个孩子从小到大，都会有很多不喜欢做的事情，面对这种情况，有些父母是这样做的：孩子小时候不喜欢自己走路，就常常抱着走；孩子上了幼儿园，因为不喜欢离开家，就经常让孩子晚来早走；上学后因为孩子不喜欢学习，老师反映孩子在学校表现不佳，父母就让老师换个孩子喜欢的方式教学；孩子不喜欢老师布置的作业，父母就允许孩子不写，或者帮着他完成……

那么孩子喜欢什么？不用问也知道，喜欢自由自在，喜欢随心所欲，喜欢吃喝玩乐，喜欢衣来伸手、饭来张口……但是，孩子所喜欢的这些，很难形成一个人良好的意志品质并养成适应社会生活的各种生存能力。

所以，为人父母，对于孩子的教养绝对不能事事由着孩子，要让孩子明白，不是他不喜欢的事就可以不做，人生会有很多的不如意，要学会勇敢面对。

到底要不要放养？怎样的教养才是科学育儿？

下面我们拿两个案例进行对比分析。

周建业，一个15岁的男孩，本来应该是初二的学生，却因打架导致同学重伤，在赔偿了同学大量的医疗费之后，辍学在家，开启了他另一段的"游荡"生活。这是一个从小被放任长大的孩子，需要指出的是，周建业的父亲也是在单亲家庭中长大的。在周建业刚满三岁的时候，他的父亲因故意伤人入狱，母亲则在将他丢给奶奶之后，不知所踪。后来，父亲虽然出狱回家，但平时对他也是非打即骂。不幸的是，奶奶也一样视他为负担，在他上小学四年级的时候，另嫁他人。

自此以后，周建业生活里可以依靠的，只有他自己。在一个没有爱的家庭里长大的孩子，没有人关心照顾他的日常生活，更没有人告诉他什么是对的，什么是错的。一开始，学校的老师和同学还只是觉得周建业比较偏激执拗、不合群，后来渐渐地发现他脾气暴躁，喜欢欺负弱小，且下手狠戾，内心不但没有感恩，反而对老师、同学甚至整个社会充满仇视。尽管很多同学都离他远远的，仍旧免不了被他当成出气筒。老师几经教育后，甚至对老师也大打出手。

家庭问题造成了这个孩子性格的扭曲，而放任使他任意妄为，不计后果。

据统计，“放任”型学生一般来自于不和睦家庭、单亲离异家庭和问题家庭等。这类家庭的父母缺乏责任感、义务感和荣誉感，亲子关系多不正常，孩子在情感上被忽略。父母不和，会拿孩子当出气筒进行辱骂或殴打，教养方式简单粗暴，对子女缺乏适当的监督和养护。在这类家庭长大的孩子从小就缺少温暖和爱，心情多处于紧张、焦虑、恐惧的状态，惶惶不可终日，他们不但可能患有饮食、睡眠、呼吸等方面的疾病，还可能对自己失去调节控制的能力，患有精神疾病或人格上的缺陷。这类孩子一般都有缺乏同情心，嫉妒、残忍等不健康的心理状态，不愿接受伦理道德的约束，富于攻击性，周建业就是一个真实的例子。

另一个家庭的教子经验，也很值得我们思考。

李旭，生活在一个幸福的三口之家，父亲是一名银行职员，母亲是一名高中教师。在儿子还没出生的时候，李旭的父母就对儿子的人生进行了完美的规划：除了正常的幼儿启蒙，几岁学钢琴，几岁学围棋，几岁学英语，几岁练乒乓球都已一一计划好，把孩子的时间安排得满满当当，孩子没有一点自主选择的权利，没有一丝自由可言。但是，就是这样一个涉猎很广的孩子，后来的发展却与父母的期望大相径庭。父母预期中的孩子应该是一个活泼开朗、兴趣广泛、阳光帅气的小伙子，可是现实中，孩子怯懦、孤僻、不爱说话、痴迷游戏。

两个案例中的父母是两种极端教育的代表，一个不闻不问，任其自生自灭；一个事无巨细，包办一切。很多父母打着爱的名义，对孩子的人生进行规划，却从来不了解孩子究竟想要什么，不知道孩子的每个成长阶段，该要接受怎样的培养才是最利于孩子发展的。

因此，父母在教育孩子时一定要清楚以下几点：

"放养"并不是不教养

有的父母把"放养"当"放任"，整天忙于工作，只为孩子提供生活上的保障，而对孩子的内心世界却一概不管不问。我们的教养，要尽量避免封闭式、隔绝式的"圈养"，但也应摒弃无拘无束、放任自流式的"放养"。

放养并不是给孩子足够的自由，自己做甩手掌柜，这样的父母完全没有尽到引导、支持孩子成长的义务。野草一样长大的孩子固然是自由的，但却很难形成健全的人格，正如树木如果没有经过必要的修剪，任其枝叶随意生长，它们就会失去了本该成为栋梁的机会。

放养也需张弛有度

当我们试着放养时，决不可放任，为孩子设定简单明了的规则尤为重要。孩子必须要在一定的规则范围内活动，在这个尽可能大的活动范围内自由地嬉戏、玩耍。孩子不必每天都跟在父母身后走，不必遇见风雨就躲在父母的羽翼之下。若管理失当，父母必漫山遍野地去找孩子，孩子们也会因边界不清而找不到回家的路，迷失自己。

现在的很多孩子，几乎每一分钟都是暴露在父母的掌控之下的，当父母发现这样的管理压制了孩子的发展空间，选择松手时，孩子便像被释放的囚徒一样，奔向自由天地，一发而不可收拾。所以，父母的放养要有限度地给孩子自由，做到张弛有度。

护短思维："我家孩子没问题"

父母的爱是天地间最伟大的爱，我们常说父爱如山，母爱似水。为孩子遮风挡雨，润泽心田，这是为人父母的天性。孩子也要在父母的保护下才能慢慢学会规避危险、辨识是非，健康成长。对于不同的孩子，这份爱的程度可能深浅各异，父母的状态可能是保护、袒护、甚至护短。对于"护短"这个词，我们并不陌生，也能理解父母护短的出发点一定是对孩子的爱，但是如果"护"得过度了，那么这份爱将会变成沉重的害。

护短是害不是爱

我们相信，每个父母为了孩子所做的任何事情，一定是出于自己的一片爱子之心。

但很多时候，明明知道孩子做错了事，有些父母宁可不要自己的面子，也要出头帮孩子把事情"摆平"。就是因为他们不想让自己的孩子受委屈，也不想别人说自己的孩子不懂事。俗话说：慈母多败儿。历史上，有多少个本来天资聪颖，资质颇高的孩子，就是因为父母的处处袒护而毁于一旦。

有人说，做父母就是一场没有硝烟的战争，这话一点也不为过。单从护短这个行为来看，无论父母是为了自己的面子，还是希望自己的孩子更有出息，总会有意无意地拿自己家的孩子和别人进行比较。当意识到自己的孩子犯了错误之后，因为不想在外人面前丢了面子，而尽其所能去遮掩孩子犯错的事实，替孩子承担后果。

孩子犯错，父母买单，这种父母代孩子承担责任的做法是十分不可取的。这会让孩子觉得犯了错没什么，反正有父母兜着，使得孩子在之后的学习或生活当中可能会一而再，再而三地犯错误，甚至是不计后果做出一些违反法律和社会公德的事。从这个意义上说，父代子过实际上是在害孩子。

每个人都会犯大大小小的错误，小孩子更是避免不了。面对犯了错的孩子，父母最好能给他讲明道理，引导孩子悔过自省并向对方道歉，这是培养孩子责任感的一次好机会。而且，让孩子直接向他人道歉，有助于深化孩子对错误的认识，养成“一人做事一人当”的担当意识和对自己行为负责的良好品质。

护短，是害孩子；替孩子受过，是纵容孩子；让孩子独立承担责任，才是为他未来的人生积累宝贵财富。

小石头，一个曾经与我女儿在同一个幼儿园里上学的小男孩。

在孩子上幼儿园之前，可能所有父母的心里都会充满各种担心：怕孩子吃不好睡不好；怕他不能和小伙伴和睦相处；怕他被别的小朋友欺负……总之是各种不放心。于是我们刚刚把孩子送进幼儿园的六个宝妈，就互相约定定期组织自己的孩子开展亲子活动，增进宝贝间的友谊，培养孩子与小伙伴们和谐相处的能力，更重要的是也能让宝妈们及时了解孩子在集体中的表现。

小石头的妈妈就是六个宝妈中的一员，她曾经是一家酒店的总经理，年轻时一直忙于打拼事业，等到想要孩子的时候却一直没有，好不容易在四十一岁时利用试管婴儿技术才怀上了小石头。怀孕后期她就辞了工作，专门在家里养胎。生下这个宝贝儿子之后，她对孩子的呵护那真是捧在手里怕摔了，含在嘴里怕化了。

组织宝贝们定期参加亲子聚会，是得到六个宝妈的一致认可的。所以孩子们在一起玩的时候，妈妈们都非常注意教育自家孩子要遵守规矩，不能抢别人手里的玩具，拿别人的玩具一定要先经过人家的同意，如果几个小朋友都要玩一个玩具，那就必须轮流着玩，并且由妈妈负责计时。其余五个小朋友几乎都能按规则愉快地玩耍，只有小石头从来不按规矩出牌，只要是他想玩的玩具，不管在谁的手里，他一定要抢过来自己玩，被抢的孩子当然不可能善罢甘休，于是就会听见两个孩子的大呼小叫。如果是别的妈妈遇到这样的情况，总是会马上出面教育自家孩子，把玩具还给人家，可是小石头的妈妈只要看到自己家的孩子没有吃亏，就不出声，有时候看到小石头太过分了，也只是轻描淡写地说两句，最终的结果，玩具还是在小石头的手里。而且每次亲子活动，这样的闹剧一定会重复上演多次，其他宝妈对小石头妈妈的意见也越来越大。

一次，帅帅妈妈看到小石头又在抢帅帅的玩具，帅帅妈忍无可忍，上前制止，而小石头已经霸道惯了，尽管看到大人说话了，也依旧拽着那个玩具不撒手，眼睛一直看着自己的妈妈，所表达的意思很明显，就是让妈妈替他撑腰。果然，石头妈也真不负儿子所望，一开口，说出来的话就让在场的宝妈们气愤不已，只听她不紧不慢地说道："玩具已经在石头手上了，就让他先玩好了，他玩完了，帅帅再玩呗，多大点事啊！"话音刚落，帅帅妈二话没说，领着自己的儿子就走了，其他宝妈们也都纷纷站起来领着孩子走了，只剩下小石头母子俩在屋子里面面相觑。一场亲子活动，又一次由于小石头妈妈的护短不欢而散。小石头母子二人的行为犯了众怒，妈妈一味护短的结果，就是没有人再愿意和她的孩子玩了。

后来，大家私下的亲子活动再也没邀请过小石头母子参加了。即使幼儿园有活动，大家聚到一起，看到小石头，也都让自己的孩子离他远远的，必须在一起玩的时候，一旦出现小石头抢了别的小朋友玩具的情况，宝妈们就会立即出面，严厉制止小石头，石头妈也清楚大家不太喜欢她们母子俩的行为，尽管心里依然想要护着儿子，可是她也明白是自己儿子做得不对，嘴上说不出来任何反驳的理由。几次之后，他们渐渐地连幼儿园的亲子活动也不太参加了。

宝贝们上小学之后，相隔两年，我又一次见到了小石头，随着年龄增长，他似乎变得更加跋扈了。七岁的孩子，本应该和同学们在学校里快乐地学习和玩耍，可是小石头根本不知道如何与他人友好相处，不会与同龄孩子正常交流沟通。虽然可以看出来他也想和其他小朋友一起好好玩，但是，他想让所有小朋友都听他的，不听他的，就要发生争执，甚至动手打人。为此，石头妈隔三岔五就会被叫到学校谈话，次数多了，同学们谁也不愿意再搭理小石头了。小石头交不到朋友，自己也很烦躁，就想用惹是生非的方式吸引人注意，于是变本加厉地在学校惹是生非。学校多次警告无果之后，对他发出最后通牒，再犯错就不许他上学了，无奈之下，石头妈就把他转到私立学校去了。

几个宝妈都在想，学校的警告，或许能给石头妈一个清醒的教训，可是结果却并非如此。前几天，我又在跆拳道馆看到石头妈领着小石头学跆拳道，石头妈说，新学校里有大孩子欺负小石头，希望孩子能学会功夫护身，所以才带他来学跆拳道。这时我便明白了，石头妈的护短行为，一点也没有改变。

当小石头欺负别人的时候，他的妈妈不管不问；当小石头受了欺负，她就马上想办法进行还击。我们虽然不能断言小石头的未来就一定发展得不好，但是照着石头妈这样护短下去，却是真的会害了孩子的一生。

一个不懂得怎样与别人相处的人，在学校交不到朋友，以后在职场，在婚姻中也都会问题重重，他自己很难快乐，更谈不上人生的幸福了。

孩子有缺点不丢人

作为父母，爱孩子没有错，但是一定要掌握好爱的尺度。成功的父母往往是既善于发现孩子身上的闪光点，又能正视其缺点，而不是对孩子无原则地溺爱。孩子在成长阶段，由于没有强大的认知能力，不能自主控制情绪，受到刺激之后，往往容易冲动。特别是在与他人相处时，不能掌握行为准则，是非观念模糊，对该做和不该做的事之间的界限，难以分辨清楚，有时会做出一些令人难以满意的行为，这是正常的。父母只要能够正视孩子的这些不足，并对孩子加以教育引导，就能帮助孩子形成良好的行为品性。

但是，如果父母不能正视孩子的缺点，只是一味地护短，那么这些不当的行为和表现就会发生质变，形成不良的行为倾向，行为习惯一旦形成了，就很难纠正了。因此，及时发现孩子的缺点，认真教育，使之尽快改正，才能让孩子朝着正确的方向发展，决不能因护短而影响孩子的成长。

孩子能改正缺点，本身就是一种进步，同时也有利于发扬他的优点和长处。如果父母对孩子的缺点和短处漠然置之，不管不教，甚至极力遮掩，这就等于默许。这样做的结果，不仅会使孩子的缺点变本加厉，优点和长处也很难保持。如果父母有意替孩子掩饰缺点与不足，孩子就会以非为是，有恃无恐，将来有可能会酿成大错。

我们经常在生活中见到，很多父母只爱听表扬和赞美之词，如果有人批评自己的孩子，往往就不愿意接受。这些父母常常把孩子的行为与自己的面子联系在一起，总希望自己的孩子比别人家的孩子强。在听到自己的孩子受到表扬时，他们就会觉得面子大增；一旦孩子当众犯了过错或受了批评，他们就会感到无比难堪，并且往往会在这个时候缺乏理智，不知不觉中就出现了护短行为。例如：邻居反映孩子打人了、骂人了，父母半信半疑；孩子在他人面前不礼貌，父母找理由为孩子开脱；学校老师指出孩子的缺点，请父母配合，共同进行教育，父母想方设法为孩子“辩护”，甚至把责任揽在自己身上……

父母之所以会出现这样的护短行为，很多时候是因为对孩子了解不全面，有些缺点尚未发现，怕孩子吃亏，受委屈。更主要的是怕丢面子，影响别人对自己和孩子的看法。其实，这些顾虑是多余的，护短是教子的大忌。孩子有优点，也有缺点，这是客观存在的事实，“短”是护不住的，越护“短”，就会越有短，只有正视孩子的缺点与不足，才利于帮助他改正。孩子的个性尚未形成，可塑性很大，发现缺点，教育得法，才能让孩子的个性健康发展。

溺爱思维：“有爸妈替你善后”

爱是人类最美的情感，情爱、友爱、父母之爱……我们每个人都会被各种爱包围。然而，有时候爱得过了，便是温柔的伤害。溺，在字典中的解释是“淹没”，被爱淹没了就是溺爱，父母长辈对孩子的溺爱，其实就是一种伤害。在我们的教子过程中，很多的溺爱行为，不被父母重视，结果造成了孩子性格中的各种缺陷。

你正在溺爱孩子吗

溺爱孩子的情况，在很多家庭中都存在，可是许多父母却浑然无知觉。我总结了几种表现，有这些行为的父母要注意，你的教育中已经存在溺爱孩子或者正一步步靠近溺爱的边缘。希望每位父母都能及时审视自己一下，发现并纠正自己的行为，进而给孩子更好的教育。

"开小灶"

物质生活条件的提高，造就了很多孩子在家庭中的"王子"或者"公主"的地位，全家人的重心全都放在孩子身上，孩子的方方面面都享受特殊待遇。家里的饭菜，必须以孩子的口味为重，甚至还有很多孩子会享受"开小灶"的待遇，孩子已经习惯了"吃独食"，那么他自私的个性，便在父母的特殊照顾中养成了。还有很多父母自己省吃俭用，却让孩子吃进口食品，穿品牌服饰；爷爷奶奶的生日几乎都是从简而过，却为孩子大肆庆生……在这样环境中长大的孩子有着很强的优越感，养成了眼高于顶的习惯，不懂得关爱他人，缺乏同情心，更不会为他人着想，自私自利的个性，让他们成为别人眼中的另类。

过分关注

在每个家庭中，孩子都是一家人关注的重点，事事以孩子为中心，在父母眼里，自己家的孩子就没有缺点，孩子处于"小太阳"的位置。即使家里来了客人，有正事要谈，孩子也"人来疯"似的，围前围后，父母也司空见惯。这样的孩子无论什么时候都以自我为中心，家里人都要围着他转，习惯养成了，在集体里就没办法和其他小伙伴们和睦相处，极不利于孩子成长。

轻易满足孩子

对于孩子的要求，父母几乎不问原因，就全都满足。有的父母喜欢给孩子大量的零花钱，孩子可以拿着钱随便花，能用钱满足的愿望，轻易就实现了。长此以往，孩子就会在心里形成一种优越感，还会觉得无论什么东西都能轻易得到。这样的孩子，很难理解父母赚钱的辛苦，也不会懂得珍惜他人劳动成果的来之不易。更遑论发扬自力更生，吃苦耐劳的精神。

这样的孩子如果生活一直无虞，或许可以平淡终老，一旦家里的物质条件不能再满足他们的需求，则有可能会变得自暴自弃。难道这就是父母想要的教育结果吗？

任由孩子的懒散

人天生都有惰性，很多父母在假期的时候，允许孩子饮食起居、玩耍和学习没有规律，睡到中午才起床，晚上又玩游戏到深夜等，孩子养成了生活懒散的习惯。这样的孩子长大后容易缺乏上进心、做人得过且过，做事随心所欲、有始无终，没有目标，没有理想。

哀求教育

我们在教育孩子的过程中，常常会听到父母这样抱怨：我家孩子不爱吃饭，吃一顿饭得追着喂，还得答应很多条件才能把饭吃完，真愁人。类似的例子在我们身边比比皆是，明明吃饭是对孩子身体成长有利的事，却反而变成了父母的哀求，这就会给孩子造成一定的错觉：吃饭这件事，是你求着我完成的，所以必须得满足我的要求。这样的孩子很难懂得承担责任，做事全凭心情，缺乏主动精神。有哀求教育的父母，也确实应该反省一下自己的教育方式了，要让孩子明确做事的目的，而不是许以诱惑。

包办代替

在《小学生日常行为规范》第二条中，明确要求小学生要为家庭做力所能及的事，那么现在请父母回想一下，不说让孩子为家庭做力所能及的事，就是他自己能做的事，是不是都是他自己在做呢？

我曾问过一些不同年龄阶段孩子的妈妈，在家里，什么事是孩子完成的。有很多父母表示，反正自己也没什么事要忙，很多时候大人三两下就能完成的事，何必要支使孩子去做呢？有时孩子做不好，还得返工，不如自己做了省事。但正是因为这样的心理，所以三四岁的孩子还要父母帮忙穿衣、喂饭；五六岁的孩子还要父母哄着入睡；十来岁的孩子生活不能自理，动手能力发展滞后……这样包办下去，孩子哪里能自信独立？不懂得去承担帮助父母减轻负担的责任，又谈何为人子女应尽的孝道呢？

遇事大惊小怪

中国自古以来就有"初生牛犊不怕虎"的说法，小孩子因为受到的认知范围和自身经历的局限，并不认为一些东西可怕，也没有畏惧的概念。有的孩子摔跤以后自己就能不声不响地爬起来继续玩，可是后来为什么有的孩子会变得越来越胆小爱哭了呢？其实，那往往是父母造成的。当孩子摔倒时，父母由于心疼而表现得惊慌失措、过于紧张，这样不仅容易把焦虑传导给孩子，加深孩子的恐惧，还有可能让孩子处于不敢玩耍、探索世界的状态，养成一种畏首畏尾的心理。

让孩子成了"小尾巴"

出于保护心理，父母不让孩子自己出门上学，不让他自己过人行横道，更剥夺了孩子和其他小朋友一起玩耍的权利。更有父母出于安全考虑，让孩子成了"小尾巴"，时刻不能离开自己一步，十几岁了，还和父母合床而睡……这样的孩子容易胆小懦弱，缺乏自信，有依赖心理，缺乏独立性。

害怕孩子哭闹

溺爱从来都是教养孩子的大忌，孩子从出生开始，父母就处处迁就孩子，满足孩子的所有要求。所以，当孩子觉得没有达到他的要求时，就以哭闹、不吃饭、离家出走等过激行为要挟父母，而很多父母也真就吃这一套，因为怕孩子做出伤害自己的行为，就一味地妥协，顺从，迁就……这样很容易令孩子养成自私、任性的性格。

当面袒护孩子

在孩子的教育过程中，我们需要有来自妈妈的“精彩极了”，还需要来自爸爸的“糟糕透了”，有肯定的表扬，会让孩子做事时充满自信；有否定的批评，才能让孩子在洋洋自得时告诫自己不要骄傲。但是，在很多家庭中，往往爸爸在管教孩子时，妈妈却护着：“不要太严了，他还小呢！”；有的父母在管教孩子，爷爷奶奶又会站出来说：“你们不能要求太急，他大了自然会明白的，你们小的时候，还没有他懂事呢！”这样的袒护，会使孩子觉得自己时时都有“保护伞”和“避难所”，令孩子是非观念模糊，甚至性格扭曲。

上述的几种情况，都是父母在教养孩子时存在的溺爱行为，其实有很多父母都能意识到溺爱对孩子的发展极为不利，但是，却没有有效的方法来改变自己的教育方式。所以，接下来会给各位父母列举一些改变溺爱行为的方法，希望通过这样的改变，能促进孩子良好习惯的养成。

不做孩子的清洁工

我提醒过父母，要避免溺爱孩子。那么，具体该怎样做呢？我们可以从生活出发，例如：给孩子制定一些规矩，让孩子参与劳动，孩子犯错了就要及时受到惩罚等等，只要父母慢慢做到了这些，就可以让孩子逐渐改正之前因为溺爱而造成的不良行为，父母切忌成为孩子的清洁工，要让孩子自己去做，自己去承担一定的责任。

设立简单可行的规矩并坚决执行

无论做什么事，我们都知道量变积累到一定程度时就能产生质变，在日常教养孩子的过程中，父母也要避免孩子的不良行为产生质变。例如：孩子晚饭后想看动画片，父母原本规定的是可以看30分钟，如果孩子问你可以多看10分钟吗？这时你心软答应了，那么孩子明天就有可能要求多看20分钟，即使最后还是只让孩子多看了10分钟，他也依然会有不满的情绪，因为多看20分钟的要求没被满足。所以，不管在什么情况下，父母教育孩子时都要坚持遵守这些规矩。

为人父母，可能也会有一种矛盾心理，有的父母在拒绝孩子的要求之后会自责，觉得其实没必要对孩子这么苛刻。但是请父母一定要将眼光放长远，否则孩子的要求可能会越来越多，而且，规矩一再改变，势必会减弱规矩的权威性，如果这次父母能出尔反尔，可能以后也会跟孩子妥协，长此以往，规矩也就失去了它约束孩子行为的作用。

别怕让孩子失望

孩子是父母最珍贵的宝贝，我们都希望孩子能够健康快乐地成长，谁也不愿意看到自己的孩子伤心难过。但是，我们不可能对孩子所有的要求都给予满足，孩子的成长也不可能一帆风顺。父母在教养孩子时，要让他去面对、接受挫折。有研究表明：学会接受失望，会让孩子受益匪浅，让他在今后的人生中更懂得如何应对心理压力。

不要因为孩子的乞求而让步

面对孩子时，父母的心永远是最软的，看不得孩子可怜巴巴的样子。但是，如果父母只是因为孩子乞求的目光或是委屈的样子就一时心软答应了他的要求，就等于是告诉孩子，下次遇到类似的事，他还可以如法炮制，因为这方法管用。所以，不要因为孩子的乞求而让步，不要因为你的怜悯而害了孩子。

要让孩子说服你

例如，如果孩子想要某样东西，而你还没想好要不要满足他的要求，那就请他给出充分的理由。父母可以在孩子思考、叙述理由的同时引导他回顾近一段时间的表现。例如，孩子想出去踢会儿球，如果他说老师布置的作业和练习都已经做完了，父母可以答应他的要求；如果孩子给出的理由不够充分，父母也要指出他的理由哪里不充分，他应该如何改进等。

培养孩子干家务的能力

在日常的家庭生活中，父母要有意识地让孩子干些力所能及的家务活，这既能培养孩子的自立能力和责任感，更能让孩子在生活中慢慢体会父母的辛苦，学会孝敬父母。

让孩子学会争取

没有任何父母能够保证让自己的子女一生无虞，所以，父母要培养孩子健全的人格，告诉孩子，自己想要的东西，就要自己去争取。如果想要的东西得到的太容易，孩子就很容易被宠坏，因为他会认为自己得到的一切都是应该的。如果你的孩子想要一辆新童车，父母可以建立一套相关的奖励机制，让孩子通过自己的良好表现一点一点地积累，直至最后达到目标。让孩子懂得任何要求的满足，都是来之不易的。

要让孩子明白世界不是围绕着他转的，不能养成孩子自私的个性，要让他懂得分享的乐趣。如果孩子提出的要求明显是不可能做到的，就要明明白白地告诉他不能满足的原因。当孩子提出的要求比较合理，可以满足时，也可以让孩子帮忙做家务，提出对等的交换条件，孩子做到了，再满足孩子的心愿，让孩子明白“付出才有回报”的道理。

孩子良好的行为习惯及个性品质的养成，都需要父母正确的引导。所以，父母一定要摒弃自己的溺爱行为，让孩子身心健康成长，不做孩子的清洁工。

孩子也要自己承担后果

要孩子承担后果，其实并不只是为了惩罚孩子，更主要的目的是让孩子养成良好的生活习惯和自律性。要让孩子从小就明白：无论什么人，做错了事，都要为自己的行为负责。这样的孩子长大后才会有较强的社会责任感。

要孩子自己承担后果，参与管理他自己的生活，可以培养孩子思维的逻辑性，让他懂得量力而行，不能信口开河，一旦无法兑现自己的承诺，就要承担相应的后果。懂得为自己的言行承担后果的孩子，思维更加严密，做人更加自信，更懂得在诚实的基础上努力争取自己的权益。

我对自己女儿的教育，在别人看来可能有些苛刻，但是在我看来，却养成了孩子做事认真思考，遇事积极应对，并勇于为自己的行为承担后果的好习惯。孩子上学时如果忘带文具书本，我从来不会给她送去学校；老师的作业要求、放假通知，我从来不给孩子重复通知，只让女儿仔细听好后给我复述一遍，对于偶尔会有遗漏的情况给予补充；有几次在上学路上，女儿突然想起哪样作业没做、哪个东西没带，我也没有因为她的眼泪妥协，不为她请假、找借口，依然把她送进校园；还有几次老师发的试卷不见了，我也没有像其他父母一样拍照打印，我让她自己想办法……

虽然我可以帮她，但是我不想为她包办，我想让孩子明白：要为自己的行为负责。不管因此会有什么后果：扣分、挨批评、罚站还是放学被留下，都应该自己去承受。我相信“吃一堑长一智”的老话，也许开始几次她会感觉痛苦，但总有一天她会学乖……

因此，在学校，她偶尔忘了带文具，会向其他同学借；作业本忘记带了，就用其他作业本补上再交给老师。在家里，表现好了才可以提出看电视、出去玩、买零食等要求；表现不好，她会主动承认错误，并且立即做一些事情进行弥补……

对于孩子需要承担的责任，父母要做好充分的准备。

*立规矩，明确孩子要承担后果；

*让孩子自己提出违约的后果；

*确定后果是孩子可以承担的；

*父母也需要信守诺言。

当孩子犯了错误之后，父母需要和孩子讨论一个双方共同认可的方案，孩子能自己出面解决的问题，就让他自己去解决。需要父母进行赔偿的，要通过让孩子承担一些家务或者减少零花钱等手段进行惩罚。如果孩子每一次出现问题，都是父母出钱帮孩子解决，却不要求孩子负责，孩子就会认为：反正爸妈会帮我解决、我做错了也没关系。有了这样的态度，孩子肯定还会继续犯同样的错，责任感很难建立起来。

孩子面临惩罚时，父母需要鼓励孩子坦然接受与面对，告诉他不能因为害怕责罚而逃避、说谎。孩子承担责任是需要一定勇气的，这种勇气则来自于孩子对父母的信任。有的父母认为孩子还小，犯点错不需要负责，自己帮孩子善后。他们这样做看似是爱孩子，但实际上是把孩子应该承担的责任揽到了自己的身上，令孩子无法从错误中吸取教训。这样的孩子长大后可能会习惯性地推诿责任，总是为自己找借口，很难受他人欢迎。

还有个别父母因为工作的原因，让老人来照顾孩子，但是两代人的教育思想明显是不同的，如果老人太过溺爱孩子，父母也要及时和老人沟通好，一味地宠爱对孩子的性格成长没有好处，也要让老人明白，孩子犯错了，就要自己承担后果。

有些事，立竿见影，孩子会马上知道后果；有些事，岁月沉淀，会让孩子用自己的人生去承担后果。作为父母，要懂得培养孩子勇于担当的品质。

专制思维："我是你妈，你得听我的"

美国心理学家戴安娜·鲍姆林德将父母的教养方式归纳为两个维度，其一，是父母对待儿童的情感态度，即接受—拒绝维度。在情感维度的接受端，父母以积极、肯定、耐心的态度对待孩子，尽可能满足其各项要求；在情感维度的拒绝端，父母常以排斥的态度对待孩子，对他们不闻不问。其二，是父母对孩子的要求和控制程度，即控制—容许维度。在要求与控制维度的控制端，父母为孩子制订了较高的标准，并要求他们努力达到这些要求；在要求与控制维度的容许端，父母宽容放任，对孩子缺乏管教。

根据这两个维度的不同组合，戴安娜·鲍姆林德把父母分为权威型（接受+控制）父母、专制型（拒绝+控制）父母、溺爱型（接受+容许）父母和忽视型（拒绝+容许）父母四种。

谁说小孩一定要听话

专制型父母大多都有一个共同的想法：孩子是自己生的，孩子所有的事情就应该听自己的。也许在潜意识里，这些父母已经把孩子当成了自己所有权的物品，只是他们还没意识到而已。

明明的妈妈是一名教师，在学校里，她不苟言笑，是同事和学生眼中的霸道老师；在家里，所有事必须由她来决定，说一不二。明明妈妈一直觉得，无论作为父母，还是作为老师，都应该有自己的"权威"，孩子小不懂事，就应该听父母和老师的，而父母的权威，绝对不容挑战。

在许多人眼中，老师家的孩子就应该乖巧听话，就应该品学兼优，学习成绩就应该名列前茅……当然，明明的妈妈也这样觉得，所以她更是对明明寄予厚望。明明从小到大的所有事情，妈妈都一手包办，从来不去征询明明的意见。而且妈妈并没有觉得自己这样做有什么不妥，因为她认为自己做的一切都是为明明好，明明没有反对的理由。

明明上小学时，妈妈放弃了让他在离家最近的学校就学，而是给明明选了自己所在的学校，把孩子放在自己眼皮底下看着，便于管理。对于明明，妈妈一直觉得他是一个十分听话的孩子，从来不反驳自己的任何意见，妈妈每次和朋友谈起自己的宝贝儿子，骄傲的神情总是溢于言表，几乎所有认识明明的人，都觉得明明是一个十分乖巧听话的好孩子，只是性格有些懦弱。

但是明明上三年级的时候，老师突然觉得明明变了，上课不专心听讲，偶尔还不完成作业，学习成绩直线下降。老师把明明的情况反映给妈妈后，妈妈大发雷霆，当着办公室其他老师的面，就把明明狠狠地训斥了一顿。回到家之后，又把明明一个人锁在屋里反省。等到了晚上，妈妈看到明明房间里依旧黑着灯，于是赶紧打开门，她以为明明一定会痛哭流涕地向自己承认错误，表示以后一定会认真听讲，按时完成作业。结果，打开门之后，妈妈看到明明像没事人一样，躺在床上舒服地睡着了，妈妈的火气顿时上来了，重重地打了明明一巴掌。然而，明明从睡梦中醒来，对上妈妈气急败坏的眼神，只是一瞬间的愣怔之后，便淡漠得一句话也不说，继续躺在床上“闭目养神”。一直以来，明明都是妈妈眼中的乖宝宝，儿子突然变成这样，她自己感到很不解，妈妈虽然怒其不争，却也无可奈何。

从此以后，妈妈每天看着明明写作业，在学校中，除了上课时间，妈妈几乎不让明明离开自己的视线。在家里，明明就更没有了“自由”，只要明明在学习上稍有疏忽，妈妈就小则批评，大则出手。渐渐地，老师和同学发现明明性格变了很多，脸上没有了以往的笑容，他变得冷漠，对待身边所有的人和事，都漠不关心；对于同学们组织的活动，他也从不参与，还总是嗤之以鼻，甚至还去讥讽组织的同学；更不愿意和同学交往，即使有些同学愿意和明明一起玩，明明都会向那些同学投去蔑视的眼神，把同学拒之门外，时间久了，再也没有同学愿意主动找明明玩了。

在学习上，明明在课堂上走神，不完成课堂作业的情况更加频繁了。班主任将这一情况告诉明明妈妈后，妈妈有一次在办公室里就给了明明两巴掌，回家后，又在爸爸面前告状。夫妻俩的想法一致：你是我们的儿子，所有事必须听我们的，必须按我们的要求做事，学习上更是如此，不完成作业就把课堂作业罚写十遍。起初，明明还能按照妈妈的要求去写作业，后来，面对爸爸妈妈的霸道管制，明明开始反抗，开始和父母冷战。这时候，妈妈也意识到自己的教育方法有问题，试图和明明沟通，可是叛逆的思想已经植根于明明心里，妈妈的话他根本听不进去，依旧我行我素。终于有一天，明明放学后没有回家，于是全家总动员，满世界发了疯似的寻找孩子，直到报警后才知道明明在警察局。原来，有几个好心人在海边发现了明明，看这么小的孩子一个人在外面，怕发生危险，便想把明明送回家，可是明明怎么也不肯说出自己家住在哪里，更不说父母的电话，无奈之下，好心人只能将明明送到了警察局。

案例中，明明的妈妈对他严格的管教，目的是想让他顺从父母的意愿发展，结果却事与愿违。妈妈本来是想建立自己的权威，而明明却变得越来越叛逆，甚至最后发展到离家出走，这样的结果肯定是妈妈始料未及的。那么，是什么原因使明明对家庭、对父母失去了依恋，选择了离家出走，甚至在他被发现时仍然不愿回家，难道他对家庭已经厌恶到如此地步了吗？

一个上小学三年级的孩子，一个人在外面肯定会感到孤单害怕，他宁可选择孤身在外流浪，也不愿意回家。根据明明平日里的表现，我们不难发现，他并不是不想回家，而是害怕回家以后面对父母无休止的指责和批评。如果明明的妈妈对待儿子的教育方法还不改变，明明即使这次回到了家，也不能保证没有下一次的出走……

要知道，孩子是有独立意识的个体，随着年龄的增长，对任何事物都有自己的观点和看法，而作为父母，不应该以自己的认知去约束孩子的发展。

孩子并不是父母的工具

现在的孩子不快乐，正如很多孩子所说：“不管我多努力，我妈都不满意，我在父母眼中永远是个失败者。”这句话是个警讯，中国青少年的自杀率居世界第一，在自杀原因的排列中，学习压力过重占第一位，同时，这也是引发青少年抑郁症的主要因素之一。所以，父母一定要清楚你与孩子相互独立的关系。

孩子不是父母实现梦想的工具

有这样一个笑话：有一个孩子学习成绩不好，经常被家长骂作笨鸟。有一次考试之后，孩子又被家长骂，孩子不服气地说，世界上的笨鸟分为三种，一种是有自知之明，相信勤能补拙的，自己先飞。第二种不但笨，还特别懒惰，嫌累不飞，过着混吃等死的生活。家长问，那第三种呢，孩子说，第三种最讨厌，自己飞不起来，就在窝里下个蛋，让下一代拼命飞。

笑话虽然搞笑，我们从中却不难看出每个人的苦楚。父母望子成龙，无可厚非，但孩子被剥夺了自由，却苦不堪言。

笨鸟的故事，绝对不是个例，我们应该从中受到启发。孩子是父母爱情的结晶，是在家人和亲朋好友的期待中成长的，那么，孩子就应该在健康快乐的环境下长大。我们常常听到有的父母说自己这一生最遗憾的是没有出国留学，没有去搞科学研究，没有成为明星……而有些父母，则是打算让孩子去替自己弥补遗憾。作为父母，想让孩子朝着自己的预期发展，并没有错，但是千万不要把孩子当成自己实现理想的工具。

强迫孩子为父母的虚荣去做他不擅长的事，强迫孩子成为他成不了的人，只会造成孩子的挫折感，使他丧失自信心。每个父母都认为自己爱孩子，但是，当爱孩子爱到只想把他们变成自己的荣耀与光环时，孩子本身的荣耀与光环反而会在父母的期盼中流失。

孩子不是父母拿来炫耀的工具

记得这样一个案例：

在一次亲子阅读活动上，现场有很多父母，工作人员都在跟孩子和父母互动。这时，一位爸爸跑过来很骄傲地告诉一位教育专家：我家孩子5岁了，能背出完整的《长恨歌》。爸爸说完一副满脸自豪求表扬的样子，一定要让孩子背给专家听，还没等专家说什么，孩子已经开始一字一顿地背诵了。专家赞许了小朋友之后，满脸崇拜的和他说：太棒了，可以跟老师说说《长恨歌》讲得是什么故事吗？孩子一脸茫然地看着专家……

其实，在孩子能接受的情况下背诵长篇的文章也不是不可以的，但目的绝不是为了炫耀，而真的是为了孩子的兴趣，这才是完美的教育。成绩只是一种考量手段，父母不必太过于计较，如何让孩子有信心，敢于独立去面对明天，才是教养的真谛。

披着爱之衣的过度管制

先给大家讲这样一则寓言：

> 兔子、鸟、老鼠决定办个学校，而它们都觉得自己的长处很重要，一定要列入课程。于是就出现了以下很可笑的画面：小兔子被安排去学飞翔，结果跌断了腿，使它原来可以拿A的跑步，因而得了C；小鸟本来飞得很好，但是为了学打洞，折断了翅膀，使原来可以拿A的飞翔，现在只有拿B了……

读完这则寓言后有什么感受？是不是有似曾相识的故事在你身上发生？很多父母，有自信能教育好自己的孩子，可是，有关教育的科学与民主的意识，却没有达到一定的高度，所以很多父母经常会以专制或者溺爱的思维方式来对待孩子。例如：把孩子送到寄宿学校，要求孩子取得优异的成绩，各方面严格要求孩子，告诉他："我是你的父母，我说的都是对的"……总之，在生活中表现得很强势。"父母专制"的本质就是对孩子自由意志的剥夺，孩子没有任何话语权，所有的事都是父母自己决定。这种教养可能造成的后果就是孩子懦弱、逆反、没有上进心等。

每当人们提起孩子的教育问题，都说孩子是被"溺爱"坏了，而且这种想法长时间积累下来，已深入人心，父母迟迟不能找到教育问题的症结，甚至到了错上加错的地步。例如：有的父母为了不溺爱，就更严厉地要求孩子，甚至打骂孩子，奉行“棍棒之下出孝子”的教育方式。

其实，只要是正常的爱，给再多也不会把孩子宠坏，因为没有爱就没有健康的成长。如果说有些“爱”会让孩子变坏，那肯定不是“爱”，只不过是披着爱的外衣的“过度管制”。

例如：小到吃饭、穿衣，大到上什么课外班或选择什么专业，父母都要孩子按自己的想法来。“听话”仍是我们在孩子时的核心审美心理。人们说“四二一”家庭格局有问题，不错，是有问题，但问题绝不是孩子被爱得太多，而是自由太少。几个大人管一个孩子，父母如果再是专制教养，孩子身上得捆绑多少绳索啊？一个被太多绳索捆绑的孩子，又怎么可能幸福、健康、快乐地成长呢？

“自由”这两个字，在我们的教育中还没有成为共识，公众对它还有太多的误解。《人权宣言》第四条，对自由有明确的概述：“自由即有权做一切无害于他人的任何事情。”而给孩子的自由包括孩子兴趣爱好的自主选择、交朋友的标准、志向培养等等。每当我们在不同的场合谈到给孩子自由的问题时，总会遭遇质疑，而质疑者总会把自由理解为“放任自流”或“无法无天”，这种理解显示出我们对自由的解读尚处于一个很幼稚的阶段。

自由和尊重是一个硬币的两面，当全社会都在谈“尊重孩子”，却在“自由”的观念上出现盲区时，尊重其实就变成了一句空话。所以，年轻的父母们应该重新理解自由，重新评估自由在教育中的价值。理解了人的自由意志在教育中有何等价值，在父母内心自会掀起一场“反专制运动”，这不仅是父母的进步，也是整个社会教育文化的进步。

尊重孩子的内在差异

每个孩子都有自己与生俱来的某种东西，科学家叫它基因，哲学家叫它天分，还有人称它为命运。这究竟应该叫作什么，不妨暂且笼统地称之为“内在”。每个孩子都有着自己的内在，而且，每个孩子的内在都是不一样的。无论父母要给予孩子怎样的教养，都应该尊重孩子的内在差异；无论是孩子的生理还是心理发展，都要遵循其自身的内在发展规律。父母不能一味地要求孩子达到什么目标，而要循序渐进地让他们度过每一个发展阶段。否则的话，可能会与孩子产生很多的冲突和矛盾。

发展孩子的才华和技能

如果说内在差异是孩子的根基，那么，才华和技能，则是生长在上面的枝条。这一部分，是随着孩子的身体成长，认知程度的变化，逐渐呈现出来的。例如：有的孩子性格活泼，随着开始掌握语言技能，就变成了一个小演员，能说会道爱表演；有的孩子生性沉稳，拿到一件没见过的东西，通常会一个人琢磨很久，年龄再大一点，可能还要研究内部的结构。父母想要培养发展孩子的某些才华和技能，应该首先考虑和孩子品行所一致的“天分”，要顺应、鼓励，并让其得到发展，强迫孩子学习他不喜欢或无法掌握的才华和技能是不可取的，最终也很难成功。

给孩子自己选择的权利

中国的父母为了自己孩子的前途，可谓费尽心力，父母一心指望着孩子能有个灿烂的明天。然而，我们常常忘记了，这种违背孩子内心理想的前途包办，在性质上和包办婚姻没有差异。好则好，不好则会给孩子带来一生的痛苦。

人生的趣味之一就是自己选择自己要走的道路，自己决定自己的未来。谁也代替不了谁，谁也不能包办他人的人生。在充满各种悬念的人生旅途中，只有听从自己内心的声音，才会做到无悔无怨。所以，父母为什么还要剥夺孩子的这种趣味呢！

人生是一个一直在十字路口选择的过程，小到行为习惯的培养，兴趣班的选择，大到填报大学志愿，婚姻的选择。在人生的关键路口，父母应该扮演一个朋友，一个指路人的角色，而不是直接替孩子做出选择，包办一切。父母应该鼓励孩子大胆地去追逐他的梦想，告诉他：选择的唯一标准，就是选自己所爱，爱自己所选。

在这里，我郑重呼吁：

不要低估孩子的判断力！

不要剥夺孩子的选择权！

不要让孩子失去锻炼独立思考、判断能力的好机会！

不要扼杀孩子的梦想！

不要老气横秋，自认为自己的想法是对的！

父母唯一要做的就是：尊重孩子，把人生的选择权还给他们，大胆放手让他们去闯。

自以为是思维："我的孩子我清楚"

很多父母在教养孩子的过程中，不能客观地看待孩子的优缺点，在很多事实面前，依然固执己见，不能及时纠正孩子的问题。他们总认为，"我的孩子我最清楚"。但事实却是，这样的父母真的未必了解孩子，而在教育孩子的过程中，父母这种自以为是的思维毒害会很深。

你的孩子你真的清楚吗

很多时候，父母都觉得很了解自己的孩子，但是却不知道你所做的一切，并不一定是孩子想要的。"我的孩子我清楚"，往往都只是表象，很多时候你并不如想象中那么了解你的孩子。所以，作为父母，一定要清楚孩子的发展动向，教育思维要跟得上社会发展，教养方法要跟得上孩子发展。

佟硕，小学四年级学生，在老师们的印象中，他是一个非常活泼的小男孩，上课爱回答问题，但是从上四年级开始，老师意识到孩子稍微有些多动的倾向。每天上课铃响，佟硕只能安静地坐在椅子上五分钟，接下来的时间，他不是东仰西卧，东蹿西跳，就是回头和同学说话打闹。尽管很多时候会注意到老师批评的眼神，佟硕马上就能意识到自己错了，然后可以静静地听一会儿课。但是，没过多久，就又开始了他的好动之旅……

每天都不能集中注意力听讲，学习成绩直线下降，甚至还影响了其他同学的听课效果。在老师反复批评后，渐渐地，佟硕有变本加厉的倾向，不但在课堂上不听讲，课下还开始和同学打架，出现了欺负同学的现象，老师只能和父母反复沟通。

开始的时候，老师和佟硕的妈妈沟通过后，妈妈再三表示，等孩子回来，一定多了解情况，问问他到底是怎么回事。从话语中，我们不难看出，佟硕妈妈并不完全相信老师的话，在她的印象中，自己的孩子一直很诚实，怎么会出现老师说的情况呢。

当孩子回到家中，她问孩子是不是犯了什么错误，佟硕矢口否认，说自己在学校表现得很好。当妈妈说起老师说他不认真听讲时，佟硕便开始撒谎说一些类似老师不喜欢他的话，妈妈在听了儿子的解释之后，碍于孩子还要继续在这个班级上课，就没有直接质问老师。但是在和老师的后续沟通中，妈妈逐渐表现出了对老师的不满，对老师提出的配合学校教育孩子的要求，也采取了敷衍的态度。

就这样，孩子的情况一直没有改进，老师在与其妈妈沟通无果后，只好把佟硕妈妈请到学校当面沟通。在老师表示孩子可能有多动的倾向，希望妈妈带孩子去医院做一下检查的时候，佟硕妈妈的不满情绪一下子爆发了出来：我的孩子成天在我跟前，他有没有问题，我自己心里清楚！我家孩子从来不说谎话，他回来告诉我说老师和同学都不喜欢他，所以你才在背后告状，你们都用有色眼镜看我家孩子，还让我领他去医院，你说说作为老师，你的师德在哪儿……妈妈一连串歇斯底里的指责和质疑，让老师非常无奈。最后的结果，是孩子转学后，又开始了重复的多动的校园生活……

在上述案例中，佟硕母亲自以为是的结果就是害了孩子。

每个孩子的成长，都会经历各种不同的挫折与诱惑，病患与打击，成功与失败……作为父母，要客观地了解自己的孩子，而不是一味地袒护溺爱，在相信自己孩子的同时，也要听取并根据他人的意见去全面评判孩子的对错。发现问题，要及时采取应对措施，对其进行改正，力求孩子能够得到最好的呵护与成长。我们都知道，教养是从孩子出生就开始的，那么就请各位父母，正确看待自己的角色，不要让自己的自以为是毁了孩子的一生。

孩子的“心思”别乱猜

现在独生子女居多，孩子每个小小的举动，都能引起父母的“过度猜想”，而且父母往往还是光猜不说，甚至通过偷看孩子的日记、偷看他的聊天记录等手段去“捕风捉影”。

早恋，似乎是父母避之唯恐不及的词语。青春期的孩子，如果沾染上早恋的“恶习”，那还了得？这一定是大多数父母的心声。其实，有很多所谓的“早恋”都是父母猜出来的。

父母对孩子自以为是的猜忌，以“负责”为由，想方设法偷听、偷看的行为，反而会加深自己与孩子的隔阂，令孩子越来越不愿意与父母交流。

每一位父母都关心孩子，但关心不应该过度，更不应该靠“猜想”，孩子在成长过程中，需要有自己私人的时间和空间，父母应给予应有的尊重。父母应该平视孩子，走近孩子，多与他们沟通，了解他们的内心世界，解决他们的烦恼，给他们一片快乐纯净的心灵空间。

倾听孩子的心声

孩子对环境和事物的认识与成人不同，他感兴趣的，父母往往会不以为然。在家庭生活中，父母热衷于交谈人情世故，孩子却一点兴趣也没有；而当孩子津津有味地与父母说起他的有趣故事时，父母往往会表现出冷漠或不耐烦。被这样冷漠的对待，孩子会伤心难过，哪还会有快乐可言？因此，父母要了解孩子感兴趣的话题，保持一颗童心，去倾听孩子的心声；时常换位思考，试着从孩子的角度去理解他眼中的世界，这会在无形中拉近父母与孩子的距离。

大多数父母都没有过多关注孩子的内心，不了解孩子内心的真正想法，而这对于亲子关系的发展是极为不利的。那么，我们应该如何走进孩子的内心世界呢?

教育家苏霍姆林斯基说:“在每个孩子心中的最隐秘的一角,都有一根独特的琴弦,拨动它就会发出特有的音响,要使孩子的心同我讲的话发生共鸣,我自身就需要同孩子的心弦对准音调。”要与孩子产生心灵共鸣,不妨可以进行以下尝试。

经常和孩子一起做游戏

父母常常弄不明白:孩子为什么总是那么爱玩,其实,这是因为他们不懂孩子的心。游戏是孩子抒发情感、认识世界的主要方式之一,孩子的许多言行、举止、乐趣和爱好,在我们眼中有些是荒唐可笑的、难以理解的,但是在孩子心中却是美妙的、享受的。孩子通过游戏获得感性知识,接触世界,观察世界。游戏是孩子学会如何去与自然界打交道的一种重要途径。

以孩子的视角看世界

父母总是习惯于站在成人的角度去看待孩子的问题,认为他们太幼稚、太无聊。其实很多时候,是我们太爱把自己当作真理的化身了,喜欢把自己的意志强加给孩子,总想让孩子像成人一样去思考问题,处理事情。但是,孩子有他自己成长的节奏,如果父母不注重孩子的心理成长的节奏,其结果只能是适得其反。

学会观察孩子

孩子的语态、动作或多或少都可以反映出孩子一定的思想。同时,孩子的课本、作业本上的涂涂画画也是他们的心灵独白,父母可以从中了解到不少信息。更重要的是,父母应该有意识地观察孩子经常交往的朋友,从孩子的朋友身上观察孩子的思想动态。还应经常与老师沟通,向老师了解孩子在学校的表现，与同学相处的关系如何，能不能主动接受老师的教育等，这些信息通常可以比较全面地反映孩子的思想状况。

为了更加全面深入地了解孩子的缺点和不足，孩子的玩伴、同学都可以是了解的对象，必要时还可以和孩子朋友们的父母建立经常的联系，这样就可以了解孩子的行为变化了。但父母在了解的同时也要注意保护孩子的隐私权，让他的人格更健康地发展。

只有当父母真正了解了孩子的想法之后，才会更加懂得怎样做才是对孩子发展最有利的。

挑剔思维："你看人家的孩子多好"

很多时候，父母的严格要求，是想让自己的孩子在压力下更加优秀，但是父母刻薄的语言却推开了与孩子之间的距离。孩子无法理解，为什么父母看待自己的眼光是如此挑剔，为什么别人家的孩子就那么好？为什么我总是做得不对？难道我真的很差吗？……

别人家的孩子真的那么好吗

我们先来看一位心理咨询师提供的案例：

王晓婷（化名），12岁，小学六年级，各科学习成绩都很差，厌学情况非常严重，在人际交往中，表现出一些偏执型人格障碍的特征。父母为了她的问题，特别走进了刘春梅老师的心理咨询室。出于咨询者的隐私，刘老师简略地讲述了与晓婷的交流过程，我们也许能从中窥视到一些自己教养孩子过程中存在的问题。

晓婷一走进咨询室，就斜倚在墙上，歪着头看着父母和我，偶尔做出一个夸张的表情，无论我们提出什么问题，她都无所谓地说："行啊！随你们便。"父母让她坐下来，她却很不耐烦地回道："我干吗要坐啊，我这样挺好！"父母无可奈何地看着我，开始谈他们的苦恼和问题。我建议父母和晓婷交流，以便观察她与父母的相处方式。于是，晓婷的父母就开始你一言我一语地批评，反观晓婷却是满脸的无所谓。

于是，我先让晓婷的父母出去，开始了和晓婷的交流。父母站起身来，边走边叮嘱着："我告诉你，好好和刘老师说话！你要是能像你表妹一样听话，我就省心了……"等晓婷父母走出咨询室，我站起身来，帮晓婷拉开椅子，笑着请她坐下。晓婷挑了一下眉毛，看看我，然后晃着身子坐在了椅子上。我们开始交流起来。逐渐地，晓婷的话从简单的几个字变得多了一些内容，从她喜欢的动漫，到她的宠物狗，到她的好朋友……她越说越得意，还不时地笑起来。后来，我就问她："你为什么要在父母面前变成一只'小刺猬'呢？"她悻悻地说道："反正他们总是看我不顺眼，没完没了地挑毛病！我再怎么努力也没有用，他们总是不满意！在他们眼里，我永远没有别人家的孩子好，那我为什么还要听他们的话！"

后来，我和晓婷交流了很多，她很愉快地接受了我的一些建议，包括该去逛逛公园、该去看看电影、该去读读书等。接着我们也就学习的一些科目、方法交流起来，我从学习的能力入手，把各个学科的意义讲给她听。当她听到我建议中国足球队集体学习阵形和位置的建议时，她一边开心地大笑着，一边点头说道：“他们真该学，一个个都不知道自己的场上位置，后卫一个被过就全线失守，阵形掌握得太差了！”原来，晓婷还是一个地地道道的足球迷。

不知不觉，我们谈了将近2个小时，等晓婷的父母再次走进咨询室的时候，看到我们俩正在高兴地讨论学习问题，感到非常惊讶。我微笑着目送晓婷走出咨询室，然后和她的父母交谈起来。晓婷的父母，尤其是母亲，平日里凡事喜欢追求完美，对晓婷的行为非常挑剔，无论晓婷做什么，母亲总是喜欢跟在后面挑毛病，这让晓婷非常厌烦。事实上，家长的这种行为对于即将走向叛逆期的孩子来说，可能是灾难性的。为了把这个问题解释清楚，我给晓婷的母亲讲了一个心理学概念——习得性无助。

所谓习得性无助在教育上的表现，简单地说，就是指孩子在一次又一次的努力后，仍然无法获得成功感和他人的认同，从而导致在情感、认知和行为上表现出消极的、特殊的心理状态。这时，孩子会放弃各种努力，采取消极抵抗的方式来应对父母的批评。而晓婷就是一个典型的习得性无助的案例。

父母常说自己的孩子有这个毛病，有那个毛病，在他们的眼里，自己的孩子几乎没有任何优点。但实际上，父母对自己的孩子过于挑剔，这对孩子的成长没有任何帮助。如果父母肯耐心去观察自己家的宝贝，就会发现，其实孩子真的没有你说的那么差。而父母觉得孩子几乎没有任何优点，最主要的原因，还是父母心中希望孩子能更好。具体表现为以下几点：

父母的要求标准过高

很多父母为了让孩子能有一个好的发展，会对孩子提出很多很高的要求，学习要好，习惯要好，要勤奋，要参加各种活动和培训班等等。孩子的一言一行，几乎都是按照父母设定的要求去做，自己没有控制权。但是，由于父母要求标准过高，孩子的行为不能与父母的设定出现一点小偏差，出现偏差就会受到责骂和打击。

在上述环境下长大的孩子，从小容易自卑，想问题没有主见，做事情畏首畏尾，不能独立。因为父母已经为他考虑好了一切，而没有给他思考问题的机会，没有创新的空间，他一直按照父母的安排去完成，自己不必要去思考问题。这种孩子长大后往往思维比较窄，考虑问题不全面，没有创新意识。

父母对自己的孩子过于挑剔

父母对自己的孩子过于挑剔，挑出一个毛病之后，还会接二连三地挑出其他毛病。当然，不是说孩子有问题不能纠正，关键是父母要用什么样的心态去看待孩子的"不完美"。有些父母觉得自己的孩子学习成绩不好，就觉得他什么都不好；看到小孩子出现一个小缺点，就以小放大，以偏概全，用放大镜的眼光去看孩子，怎么会看不出问题呢。

横向或纵向对比

很多父母都喜欢拿自己的孩子与他人进行横向比较。看到孩子的考试成绩，便说："你看，隔壁的某某这次考了92分，你怎么才81分？"在亲友前面，比较更是有过之而无不及。“你看，你堂弟多听话，学习多努力，哪像你，天天看电视，作业也不好好做，什么时候你也能像他一样啊!”……根据一项调查资料显示，孩子在回答“最烦父母做什么事”时，排在前三名的是：叨唠，批评，拿自己与别人比较。

父母总以为有了比较才能给孩子树立榜样，刺激孩子上进，开动他学习的马达。实际上，拿孩子与他人比较，只能让孩子产生自卑和抵触情绪。因为，孩子都有一颗积极向上的心，孩子不是不想努力，只是因为各种原因达不到你所期望的目标。用别人的优势对比孩子的弱点，除了可能让孩子自惭形秽，抬不起头外，还会刺伤他的自尊心。而且，这样的比较多了，孩子听麻木了，可能会像案例中的晓婷一样采取消极抵抗的方式应对。

另一种是纵向比较。孩子这一次考试比前几次考得差了，这学期不如上学期了，父母又叨唠开了：“你看，以前你都不错的，现在怎么退步了？真是让人生气!”父母往往只看成绩，不去分析原因。为什么孩子现在的成绩不如以前好？也许现在的课程进度加大了，难度增加了；也许孩子到了新环境不太适应；也许孩子的情绪因某事出现波动等。例如：小学生进入初中后，就有一个学业上、情绪上的能否顺利衔接的问题。所以，父母要找原因多分析，多关注孩子的心理变化，解开孩子身上的“死结”，而不是一味地比较，批评。

改变看孩子的眼光

美国有一位父亲，采用一种别出心裁的方法教儿子打保龄球。初学时，他多树了许多球瓶，从而确保四岁的孩子从第一次掷球时，看到的就是胜利。随着儿子球技的提高，自信心的增强，逐渐将球瓶数量降到规定的数量。结果，孩子长大后成为一名出色的职业保龄球手。当有人问他成功的诀窍时，这位运动员骄傲地说："我从来没想到失败，因为我有一位不寻常的爸爸。"

每个人都希望得到赞赏和鼓励，哪怕只是一件小事，穿了一件新衣、新做一个发型、写好一篇稿件等，都渴望得到一个好的评价，哪怕对方只是应付地说一声"好"，也比那怀疑甚至歧视的目光强千百倍啊！成人都是如此，更何况一个个幼小的心灵呢？所以，作为孩子的父母，要放低标准，要始终用欣赏的眼光看孩子。

呵护孩子脆弱的心灵

每个孩子的内心其实都有脆弱的一面，当这颗脆弱的心承载了太多的来自父母的负面语言，就有可能碎裂成无数的自卑因素，刺伤自己。谁也不喜欢总是受到父母的批评、指责。孩子越表扬越上进，越批评越下滑。说你行，不行也行，说你不行，行也不行。父母应多发现孩子的闪光点，少抓住无关大局的小缺点大做文章。

放低标准，给孩子减压

父母不要总是盯住分数不放，要重过程不重结果。因为孩子的发展潜力还很大，一时的退步不等于以后不进步。所以，不要把目光锁定在眼前，只要孩子尽力了，父母也应该适当给予理解和宽容。父母对孩子的期望值不应过高，不要过分去追求完美无缺。父母要淡化自己的分数观，不要给孩子太大的学习压力，多关注孩子的心理健康。不要拿孩子与其他人对比，去伤害孩子的自尊。

放开手让孩子锻炼

孩子动手能力和交际能力差，与自卑心理有很大关系。

父母切忌从小事事包办，一切替孩子做好，尤其是隔代抚养中，孩子容易被祖辈溺爱。更不要嫌孩子手脚不灵活，动作慢。因为年幼的孩子动作协调能力还不够好，从不熟练到熟练，是他必须经历的过程。

孩子力所能及的事情，父母就要放手让他去独立完成。父母在孩子完成的过程中要多鼓励多赏识，帮助孩子体验一次次的成功。独生子女没有兄弟姐妹，父母应从小多带孩子走出家庭小圈子，多参加集体活动，让孩子在社会交往中培养乐观自信、大方活泼的好品格。

暴力思维：“不听话，小心我的巴掌”

家庭暴力问题日益受到社会各界的关注，人们对受害者施以同情的同时，更加痛斥施暴者的恶行。随着人们生活节奏的加快，生存压力的增大，家暴的比例呈逐年上升的趋势。相比于家暴，暴力思维更加可怕。认为暴力往往能够更好地解决问题，用“拳头”说话的效果远远比讲“道理”更有效果，这就是典型的暴力思维。有的父母总会对自己的孩子说：“不听话，小心我的巴掌！”可是，他们没有意识到，巴掌下面，从来没有真正的顺从。

可怕的暴力思维

有些父母的教育是一种不容许孩子犯错的教育，孩子一有错误轻则挨骂，重则挨打。只要是思想独立的人，就一定会犯错，只要不是品质上的缺失，就不应该给予太严厉的惩罚。

很多父母认为：孩子是自己生的，所以惩罚和管束孩子是自己的自由，孩子更不能违背父母的意愿。千百年来，很多中国孩子一直处于这样的境地，从一生下来，就被当作父母的私有财产，可以由父母任意处置：可以任意地被训斥，可以任意地被打骂，可以任意地被管教，可以任意地被禁止发表意见，可以任意地被限制自由，可以任意地被限制恋爱的权利，可以任意地被剥夺选择职业的权利……而父母所做这一切的理由，居然都是因为爱孩子。

所以，很多孩子自幼就被剥夺了和父母对话的权利。他们永远是被动的服从者，被动地听着父亲喝醉酒后的训话，母亲从麻将桌下来后的呵斥，不让看电视、被关禁闭做作业的要求……

孩子的成长过程中，还经常充斥着各种语言暴力，“你再淘气我就打你了”“就你这样，长大了也没出息”“再哭我就打死你”“你太笨了，某孩子比你强很多”“你笨得要死”“再哭狼就来了”……类似的话，存在于很多家庭的教育之中。那么，作为家长的父母们，有没有审视过自己的言行带给孩子的会是什么？

身体上的伤痛，过一段时间就忘了，心里受的伤却没那么容易愈合。

一天，商场里母女俩发生的争吵，引起了很多人的围观：

一位年轻的妈妈指着一个十岁左右的女孩不停地数落着：“你怎么那么笨，拿个袋子还能掉到地上，把瓶子也摔坏了，你怎么不把自己摔坏了，你怎么不死了……”还边说边用手掐小女孩的胳膊。小女孩一边抽泣，一边叫着妈妈，说她不是故意的。可是这位母亲似乎还不解气，越骂越难听，越掐手劲儿越大。小女孩的哭叫声也越来越大，围观的人看不下去了，伸手去拉，还被妈妈狠狠训斥：你们别狗拿耗子，多管闲事，我是她妈，犯了错，就得接受我的惩罚，我管教自己的孩子，关你们什么事。听到她这样的说辞，很多人也七嘴八舌地批评这个妈妈，有位阿姨说：你这样对她，孩子多伤心啊。可是这位妈妈却说，她才没长心，要是会伤心，就不会不听话了。

这位妈妈难道不知道，孩子虽然幼小，也依然会伤心，也会有喜、怒、哀、惧、悲、惊、恐的感受？难道不知道这样的行为会直接影响孩子的心理健康成长吗？

语言的力量是无形的，且非常强大。它浸润式的进入孩子的内心，积极的语言多了，就会化成一种养分，滋润心灵；消极的语言多了，就会慢慢凝结成一把刀，一点点地刺伤内心。时间久了，孩子会认为"我就是这样的人"。

孩子没有甄别事物真假的能力，父母说什么他信什么。孩子一开始听到这种打击的语言时，由于内在的力量还未遭到彻底的破坏，还会叛逆，抗击。后来，内在的力量被父母的语言打击钝了以后，就不会再反抗了。很多父母眼里的乖孩子，并不是真正的天性温和，而是抵抗无用之后的"服从"。他们学会了忍让、讨好，性格温和，只是他们被压制以后所表现出的假象，一旦脱离管束，他们会表现出各种问题。

缺乏沟通能力

长期在暴力环境下成长的孩子，缺乏良好的沟通能力，很多事都不敢和父母说，父母与孩子之间没有良好的沟通，会限制孩子的正常成长。这样的孩子长大以后，对他的孩子教育也会继续这样的传统，不和孩子沟通，以暴力管教孩子。如果他自己小有成功，就认为自己是孩子的榜样，要求孩子绝对服从自己的意志；如果他自己不成功，更成了他管教孩子的理由，就是因为自己小的时候被管教太少，所以，自己要担负管教的重任。

但是，又有多少父母真正地担负起了这样的责任？有多少父母可以和孩子一起沟通、一起进步？当父母天天逼着孩子学钢琴的时候，有几个自己也去学习？有几个父母能够在孩子学习的时候，自己也去看书？父母放弃了自己学习的能力和习惯，仅仅把权威、命令强加在孩子身上，这就是我们现在家庭教育的现状。

攻击性强、易怒、冲动

很多有家庭暴力的父母，当孩子的学习成绩达不到父母的期望，棍棒出孝子的传统思想就会出来作祟，觉得对于比较顽劣的孩子只能采用暴力手段；当事业上遇到不顺，离异、醉酒、嗜赌成性等状况出现时，孩子就成了父母的出气筒。孩子在暴力的环境下成长，很大程度上也可能会形成暴力解决问题的习惯。他们自身缺乏安全感，对他人不信任，同时对他人的攻击性行为给了他们一种心理上的平衡，也可以理解为缓解压抑的一种释放。

已经有大量数据证明：遭受过家庭暴力的孩子，会在社会上释放自己的攻击性，以至出现许多校园暴力事件，甚至青少年犯罪的现象。有两个省份针对校园暴力事件的调查显示：有49%的学生承认对其他人有过暴力行为，87%的学生确认遭受过其他同学不同程度的攻击行为。所有的校园暴力事件中，受到身体和言语攻击行为的受害者超过80%，这些事件的发生，绝大多数跟学生的攻击性性格有着密切的联系，而家庭暴力则是形成这些孩子攻击性行为的主要原因。

焦虑、沮丧和自卑

对于暴力，孩子小的时候，对事物还没有准确的认知，他们会感到恐惧，不敢和大人说话，在外面也会表现出胆怯。大一点的孩子会感到家庭不快乐，看到别的小朋友与父母快乐互动的时候，他会感到失落，甚至心理扭曲，因为他想不明白为什么自己家里会是这样。而等到孩子上小学以后，才是最危险的，他们在家里感觉不到温暖和快乐之后，就会感到自己与他人不同，于是就会产生严重的焦虑、沮丧和自卑情绪，这种情绪可能会影响孩子的一生。

冷静对待孩子的逆反心理

心理学家认为孩子产生"逆反心理"有以下几方面的原因：

主观认知

随着孩子的成长，他们的认知逐渐由形象思维转变为以抽象思维为主的多种思维方式。伴随诸多方面变化的，还有一个特殊的转变是自我意识的逐渐清晰和独立意识的日益强烈。他们迫切希望摆脱大人的监护，处处要体现自我的存在。但是，他们的世界观毕竟尚未成熟，缺乏自我克制和分辨是非的能力，于是他们会通过和父母唱反调来体现自我，显示自己长大了。

客观发展

从客观的角度去看，孩子的"逆反"心理的产生也是由于教育不当所造成的。大多数孩子家庭生活环境优渥，在家里受到的是“皇帝”“公主”级别的待遇，很少受到批评。但是孩子上学以后，出现问题就会受到来自老师和同学的否定，两相对比，就很容易导致孩子“逆反心理”的产生。

父母的猜疑

在教养孩子的过程中，来自父母的行为往往会对孩子产生很大的影响，而父母的胡乱猜疑，也是可能引起孩子“逆反心理”的诱因。随着孩子的一天天长大，父母的担心也越来越多，总是担心孩子做错什么，可是对孩子管教越严，他们就越不信任父母。

“逆反心理”虽然给父母的教育带来了一定的困难，但我们也应该看到孩子的“逆反心理”有其不可忽视的积极因素。

随着孩子年龄的增长，他们的认知也在不断增加，对事物逐渐有了独自判断的能力。这时候，孩子心理发展也在急剧变化，不再像儿时那样依恋父母，也不再像刚入学时那样把教师看作是至高无上的权威。这样的心理品质，如果能悉心保护，正确引导，有利于孩子独立性和创造性的发展。

孩子产生的“逆反心理”，应该说是他们心理上的“突破”。当他们在心理上一取得“突破”，表现出来的就不再是过去的听话、顺从，而是勇敢和冒险。现代社会充满着竞争，从小培养好胜、敢闯的心理品质有利于形成开拓、进取的个性。

“逆反心理”有时就是针对传统思想的束缚而产生的。传统观念认为是这样的，而具有“逆反心理”的孩子偏偏认为是那样的。虽然有些想法可能是钻牛角尖，但更多的时候却是孩子求异思维的表现，从其他角度独辟蹊径来观察和分析问题的能力展现。

“逆反心理”有时出自好奇心，而好奇心是一种渴求认识事物的欲望，是求知的一种动力，它会驱使孩子去执着地了解自己不熟知的事物。这时，如果能妥善地利用孩子的好奇心理，加以正确引导，就可以教育他们更好地探求科学知识的奥秘。

此外，孩子发育的过渡时期，一般是兴奋过程强于抑制过程。有“逆反心理”的孩子是不会让它们长期滞留在心中的，发泄后的实际效果是良好的。

面对孩子的“逆反心理”，不少父母情绪急躁，沉不住气，于是采取粗暴的态度和压制的方法。心理学研究和教育实践表明，为了防止教育中的“逆反心理”，父母需要根据孩子的心理特点，进行循循善诱的教育。既要尽可能地避免孩子抵触情绪的产生，又要积极引导和善于利用他们的这种心理特点。

恰到好处的爱与惩罚

在孩子的教养过程中，要对孩子付出爱和陪伴，掌握孩子的发展规律，要懂得爱是存款，惩罚是消费。要把爱和惩罚很好地结合在一起，才能收到很好的效果，千万不要顾此失彼。记住，孩子需要恰到好处的爱与惩罚。

把握好爱的尺度

每位父母都非常爱自己的孩子，这是毋庸置疑的。然而，对孩子的爱是否能把握好尺度，这可就很难说了。父母对孩子的爱，是世界上最真挚的爱，它是一种不带任何附加条件的爱。因此，在很多时候，往往就是由于这份爱倾注的量太重而失衡，而我们又不去注意，最终使孩子养成许多不良的习惯。

作为父母，我们更应该充分了解家庭教育的重要性，自觉做好孩子的教育工作。尽好父母的责任和义务，多一点耐心、少一点急躁；多一点理解、少一点埋怨；多一点鼓励、少一点批评。

严爱的有机结合

父母关心爱护自己的孩子是人的本性，这种爱是培养孩子良好品质与行为的感情基础。没有这种爱，就谈不上教养，就难以达到好的教养目的。但爱而不教，管而不严，同样也达不到教育的目的。因此，我们在教育孩子时，要注意把关心爱护和严格要求结合起来，做到爱而不溺，严而不厉。

培养孩子的感恩意识

很多孩子把父母的付出和爱当作是理所当然的，丝毫没有对父母的感恩意识，这是孩子“不听话”的一个重要原因。所以，父母要让孩子明确感受到自己付出的辛苦，让孩子怀着感恩的心去回报父母的付出。

缺乏原则的惩罚是伤害

孩子受到惩罚以后，通常都会有各种各样的想法。小的时候，孩子会怀疑：我是他们亲生的吗？他们一定不爱我才会这样对我，我再也不爱他们了。而当孩子逐渐长大之后，如果缺乏科学指导的惩罚，就会引起很多不良后果：

*受到惩罚的儿童倾向于报复父母：“既然你伤害我，我就再也不听你们的话了。”

*惩罚仅仅是暂时镇压某种行为，却没有起到消除这种行为的效果。行为可能会变本加厉，于是父母必须不断地实施惩罚。

*惩罚让本来应该由孩子来承担的后果，却要父母为孩子的行为负责。

*用惩罚来要挟孩子，就是公然地邀请孩子来反抗你，进行权利斗争。

所以，不要因为你的一巴掌而毁坏了孩子心中的形象。虽然他们都是“七秒记忆”，但是如果频繁受到这样的惩罚，也会在心里烙下痕迹。由于孩子的心智还不成熟，所以很多时候会做出一些荒唐的事情。父母面对这样的情况，要忍住心中的怒火，因为打骂孩子不是最好的教育方法，还容易给孩子留下心理阴影。多一些耐心，有利于孩子身心发展，也有利于解决问题。

父母的爱是付出，是责任，在孩子的成长过程中我们应倾尽所有的爱给予孩子。但是千万不要使我们的爱成为孩子的负担，成为阻碍孩子前进的绊脚石，成为抑制孩子自由发展的因素。要知道爱是存款，惩罚是消费。

Part 2

方法对了，教养就对了

当我们的宝贝呱呱坠地，我们便能感受到生命传承的美妙，从此，你的心里既多了一份幸福的牵挂，又多了一份不求回报的付出。

一切的前提：无条件地爱孩子

爱是人类情感的神圣传递，它蕴含着包容理解，更蕴含着无欲无求。当我们的宝贝呱呱坠地，我们便能感受到生命传承的美妙，从此，你的心里既多了一份幸福的牵挂，又多了一份不求回报的付出。

古语云，不养儿不知父母恩。其实，为人父母之后，我们更能感受到教子过程中的辛苦。孩子从牙牙学语到长大成人，绝不是一朝一夕的事。虽然会有太多精神和物质的付出，但是这种爱不求回报，它与孩子做了什么毫无关联，无论他们成功与否，无论他们是否听话，作为父母，都应该无条件地爱自己的孩子。

学着接纳孩子的一切

人无完人，每个大人都会犯错，更何况孩子。当孩子犯了错误之后，请父母接纳孩子的错误，给他改正的机会，因为只有在父母的包容与引导之下，才能让小树苗挺拔直立，长成参天大树。

文文今年10岁，父亲半年前中风，出院后生活仅能勉强自理，但是却不能上班赚钱养家了，生活的重担全都落在了文文妈妈身上，一家三口的日子过得非常拮据。文文妈妈自从爸爸生病之后，由于繁重的家务和生活的压力，对文文也没有以前那么关心了，在她的脸上，几乎看不到笑容。而文文最近的表现也很反常，脾气暴躁，动不动就朝父母发脾气，一言不合还有动手的冲动，甚至还扬言要离家出走。学习成绩也一落千丈，从班级前10名掉到倒数前5名。老师反映他上课和同学聊天，不认真完成作业，还和同学吵架。文文妈妈几次被班主任叫到学校谈话之后，回家都对文文进行了狠狠地批评，甚至有一次，妈妈还打了文文一嘴巴。然而，这样的教育，却并没有换来文文的改变，文文反而变本加厉，更不听话了。

文文妈妈表示，面对半瘫的丈夫，不听话的儿子，微薄的收入，拮据的生活状况，每天的日子过得都很煎熬。她不知道要用怎样的心情去面对成天犯错的儿子，而且文文马上要升入中学了，这样的学习成绩，真的很令人担忧。文文妈妈心急如焚，却不知道怎样帮儿子和自己改变这样的状况。

其实，每个父母都希望有个乖巧听话的孩子，但是我们不妨来个换位思考，孩子又希望有什么样的父母呢？在他们的眼中，合格的父母，又是什么样子的呢？

从案例中我们可以看出，文文妈妈为了应对生活的困境，无形中就忽视了孩子的感受，没有积极表达对孩子的爱，更很少正面表扬孩子，甚至在和孩子说话时，可能心中已经装满了“炸药”……对老公生病的无奈、对生活的抱怨、对自己的不满，当她在批评孩子的时候，其实并不是真正的在教育孩子，而是打着为孩子好的名义，宣泄自己的不满情绪……

回忆一下，当孩子在小时候学走路摔跤时，我们是不是一直在鼓励他要勇敢面对？可是为什么孩子长大后再“摔跤”时，父母就没有耐心了呢？随着孩子的成长，他所面对的事越来越多，所犯的错也会越来越多。如果父母不允许孩子犯错，是不是会禁锢了孩子的自然成长？是不是触碰了父母内心设置的盲区？一个不可回避的问题是：如果连父母都不接纳自己孩子的问题，不给孩子犯错的机会，还能指望别人给孩子犯错然后再改正的机会吗？所以，我们要正视孩子犯错，用积极的心态接纳孩子的错误。

下面谈几点父母要如何学会接纳孩子的错误。

明确“接纳”的含义

接纳在生活中是指接受和采纳的意思，它和忍受有很大区别。接纳是指父母真正的了解孩子，内心知道孩子的行为是出于何种需求，并接纳着他的这种行为。忍受则是孩子的种种表现，让父母难以调节自己的消极情绪，但是，为了做到接纳又不得不压抑自己的消极情绪。这种忍受不但在教育孩子上没有积极作用，还会让父母总是处于消极情绪的漩涡中，影响工作和生活的正常进行。

以积极的心态去接纳

当我们面对来自社会和家庭等不同层面的压力，每个人都会感觉疲惫。随着孩子的成长，对外界探索的增多，孩子就会出现各种的尝试行为，这些尝试也许会弄得父母焦头烂额。例如：尝试洗碗，把碗打破；尝试画画，把客厅的墙涂得五颜六色；尝试自己洗衣服，弄得满屋子都是水……当父母面对满屋的狼藉，加之各种压力，难免会出现不良情绪，甚至可能还会打骂孩子。

我可以理解父母这种反应的深层原因，对孩子有消极情绪甚至出现不接纳的状态，并不是因为不爱孩子，而是当时的消极情绪主导了父母的言行。所以，父母应该首先把自己的负面情绪消除，再去解决所认为的，孩子犯的错误。这个时候，父母不妨问自己几个问题：我发脾气是因为孩子破坏的东西比孩子还重要吗？我发脾气到底是因为生孩子的气还是担心孩子的安全？我发脾气对引导孩子不做危害自身安全的事或培养良好的习惯有没有用？

选择性接纳，学会正确引导

我们强调接纳孩子的错误，但也并不代表要接纳所有。例如：在商场里，孩子因为妈妈没有买他最喜欢的玩具就撒泼打滚；在做游戏时，因为孩子没有听自己的意见就把玩具砸向小伙伴……类似这样的事件中，我们应该接纳的是孩子产生这种情绪的原因，即自己的需求没有被满足，而不是接纳孩子撒泼或者对他人的攻击行为。

当孩子出现负面行为的时候，父母要找到负面行为出现的原因进行接纳，但是要对孩子的不良行为进行正确引导，鼓励孩子学会合理地表达自己的情绪，并且学会在不同场合恰当地表达自己的想法。

只有从内心真正地接纳孩子的错误，才能做到懂得孩子的想法，进而去引导孩子更好地发展。接纳不是嘴上说说就可以做到的，也不是无底线地放纵孩子，需要父母的爱、理解和包容。

接纳在家庭教育中发挥着十分重要的作用。人的成长离不开痛苦与挫折，痛苦与挫折是成长的阶梯与成本。试想，今天的父母又在经历多少痛苦和挫折后方有如此领悟？所以，请接纳孩子的错误吧！如果现在不给孩子犯错误的机会，那么孩子将来极有可能会犯更大的错误。因为他们从小没有学到如何处理错误的经验——人能更好地生活，往往在于他及时总结经验教训。

孩子不听话有方法

从襁褓中的婴儿到长大成人，孩子总要经历几个不听话的阶段之后，才会逐渐走向成熟。孩子有些时候会表现得特别的叛逆和不听父母的管教，轻的对父母的管教不理不睬，重的和父母顶嘴，严重的还可能会发生激烈的肢体冲突，甚至离家出走……

面对孩子这些不听话的行为，做父母的应该怎么办呢？

与孩子进行适当的交流

孩子在成长的某一阶段突然开始“叛逆”，是因为孩子已经有了一些自己独立的思想。当父母发觉孩子有不听话的行为时，往往就说明他对外界事物已经开始有了自己新的认知和判断了。这时，父母对待孩子的态度和教育孩子的方法就应该有所调整。必须要去更多地了解孩子，每天拿出半小时的时间，专门与孩子进行交流，探究孩子内心的想法，这样不仅能够保持和孩子的友好关系，还会从孩子的想法中发现很多惊喜。

在交流中做到真诚、平等、亲和

孩子是我们最幸福的麻烦，尽管教养孩子很累，但是，相信每个父母都会心甘情愿地去享受这个特别的“麻烦”。面对麻烦，父母一定要有耐心，即便是自己不开心的时候，也要以真诚、平等和亲和的态度对待孩子。当自己不能正面理解接纳孩子的行为时，就要用真诚的态度与孩子进行交流，清楚了解孩子内心的想法，以及孩子出现错误的原因，与孩子的内心想法达成一致。

陪伴孩子一起达成所愿

孩子的思维总是跳跃和充满活力的，他们会有很多新的想法，这些想法当然不可能全都正确，而孩子有这些想法的时候，可能还没有正确的是非观念，所以他们往往会把想法付诸行动。如果这个时候父母不能及时关注孩子的想法，不能给予正确引导，孩子可能会犯很多错误。因此，父母就有必要和孩子一起探讨孩子要做的事正确与否，如果正确，父母要予以支持，可以陪孩子制定计划去完成；如果是错误的，父母就要向孩子解释清楚，让其明白错误的原因，这样，孩子才能在父母正确的引导下，形成正确的三观。

换位思考，想到孩子心里去

很多父母常常会抱怨，我的做法明明是为了孩子好，为什么他就不理解呢，甚至很多时候还非要和我对着来。其实，父母苦口婆心的教育，出发点一定是为了孩子好，可是，为什么孩子会表现得很不耐烦，或者逃避呢？

仔细分析，其实孩子也是很想与父母交谈的，之所以没有顺利进行下去，关键是父母没有做到平等交流和有效沟通，这时候换位思考不仅十分重要，而且十分有效。怎样才能做到换位思考呢？父母要全面了解自己的孩子，平等对待、尊重孩子，不断提高自己的水平。

理解孩子

当孩子的行为没有按照父母的预期去做，很多父母会感到生气与愤怒，每到这个时候，父母就要学会换位思考，充分理解孩子的角色，如果我是孩子，会面临哪些心理的困境：做错了事情，是不是我很笨，事情想得不全面；我成绩不好，怕同学们嘲笑，更不敢向老师请教；我没有得到父母足够的关心，缺乏面对困难的勇气；我受不良风气影响，使心灵迷失了方向，产生了辍学的念头……这样的思考，会使父母冷静下来，设身处地想到孩子所处的环境、氛围，切实体会他们的困难，由此便会发现自身存在的不足，就会改变一味地批评和指责，能够心平气和地、耐心地、平等地和孩子进行交流。

尊重孩子

无论孩子是因为做了好事、取得了好成绩向父母炫耀求得表扬，还是因为受了委屈、做错了事向父母抱怨、倾诉，父母首先要做的，都应该是耐心倾听，让孩子感受到父母对他的理解和尊重。父母一定要耐心等孩子把心里话说完再做评论，不要还没弄清楚缘由就自以为是地草率评判。同时，与孩子交流，要尊重客观事实，表达要恰如其分，表扬孩子不要夸大其词，批评更要就事论事，不乱翻旧账，以免孩子以后报喜不报忧，再犯错时不敢告诉父母。

少一些唠叨

唠叨可能是父母的通病，有句古话“话说三遍淡如水”，我们换位思考一下，当别人一直对你反复提醒一件事，你是否也会反感。孩子也有他自己的世界，如果父母能站在孩子的立场上去体谅孩子、理解孩子，就会发现，孩子的许多想法和感受是多么合乎情理。所以，父母不要把自己的意愿强加给孩子，要少一些唠叨，多一些行动，很多话点到为止即可。学会换位思考，这样孩子才会专心听父母说话，才会采取父母的意见。

当孩子情绪不稳定时，父母先不要忙着和孩子谈话，先静下心来想一想，因为有些问题的解决需要等待，或者需要适当的引导方式，又或者需要一个好的切入点。当孩子不喜欢和父母谈话时，父母也可以变换一下方式，把同样的话向好处说，孩子就会喜欢听了。

和孩子谈话是一门艺术，需要做父母的耐心揣摩。知己知彼，百战不殆，也同样适用于我们对孩子的教育。了解自己的孩子，你就会站在孩子的角度思考问题，孩子也能理解你的付出。通过换位思考，能够营造出和谐、融洽的教养氛围，会使孩子更加信任父母，让他们健康快乐地成长。播种一个方法，便会收获一片希望。

有智慧的父母，他们的爱是理智的爱，也是感性的爱，这种爱来自于对孩子的深深理解和支持，这种爱立足于孩子的自身特点，来自于对孩子一生幸福的负责。让教养产生积极作用，让孩子听进父母的话，这要靠父母对孩子的深入了解，仔细摸索教养方式，适时调整自己的教育目标，万万不可粗暴处理，以压制为解决方法。

用温柔暖化一切

狄更斯曾说：“没有无私的，自我牺牲的母爱的帮助，孩子的心灵将是一片荒漠。”足见母爱在一个孩子的成长中占有多么重要的位置。一个聪明的母亲懂得，这种爱绝不是指给予孩子物质上的极大满足，这种爱既体现一个母亲的温柔，又饱含着一个母亲的严格。

要学会温柔对待孩子，这很重要，在孩子成长过程中，一定会出现各种各样的问题，但是千万不要着急，也不能指望孩子不好的习惯马上就能改变，要多给孩子一点时间，更要多给自己一点耐心，要用妈妈的温柔，去积极解决问题。

发脾气这种消极的处理方式只会给孩子传递无数负面信息：事情做不好就可以闹情绪，尽管解决不了问题；妈妈好凶，好令人害怕；如果出了事情不要和妈妈讲，她可能会发火……次数多了，孩子可能会养成胆小懦弱、脾气暴躁的个性。

做一个温柔的妈妈，体现在无论何时何地，对任何事情都能微笑地或严肃地、智慧地去解决问题；体现在不仅知道发火的坏处还能控制住自己的情绪；体现在用正面的言行去感染孩子。尝试用温柔的语气对孩子说话，智慧地应对孩子提出的各种问题，这样的沟通才是有效的。

给孩子最合适的爱

爱孩子，就要关注孩子的身心发展。首先，给予孩子足够的营养，合理的膳食搭配，让他拥有一个健壮的身体；其次，密切关注孩子思想、情绪上的变化。当孩子高兴的时候，与他一起分享；当孩子遇到困难，用肢体去拥抱他，用语言去温暖他，用母亲的温柔、宽厚接纳他，让孩子感到他的身后有一堵坚实的墙在支撑着他，让孩子的生活充实而又无忧无虑。当然，父母如果没有把握好这个“爱”的尺度，就可能会滋长孩子的霸道、自私。

在给予孩子爱的同时，更要注重教育孩子学会关心、学会爱。教育孩子首先从爱自己的父母开始，例如：父母下班回来，给拿拖鞋、倒水；父母在做家务的时候，让孩子帮忙择菜、洗菜、扫地……，并告诉孩子：你这样做可以帮父母减轻一些负担，是爱父母的表现。

做好孩子的第一任老师

常言道："父母是孩子的第一任老师。"父母与孩子朝夕相处，接触的时间和机会最多，父母的言行无时无刻不在影响着孩子。家庭教育作为孩子通向社会的第一座桥梁，对孩子的个性、品质和健康成长起着极其重要的作用。

记得一个这样的故事：

有位老太太卧病在床，儿子每天都得送饭到房间给她吃。老太太因病手抖得厉害，常常不小心把碗掉在地上打破，儿子看了很不高兴，向老太太抱怨："你常常把碗打破，我哪有那么多钱来买碗给你用呢?"为此，他就去找了一个用木头刻成的木碗，每天拿这个木碗送饭给母亲吃，这样，即使碗不小心摔到地上，也不会打破，每天用粗糙的木碗吃饭，老太太都很伤心。

一天，老太太的孙子弄了块木头在院子里刻刻挖挖的，儿子看见了就好奇地问他："你拿个木头在那里干什么?""我在刻碗，等你老了，我也拿木头的碗盛饭给你吃，你就不能把我的碗打破了呀！"爸爸被儿子这么一说，羞愧得无地自容，这才惊觉自己是怎样对待母亲的，以后自己的儿子就会怎么对待自己。

父母的所有言行，都会被孩子模仿，你给孩子呈现一个什么样的世界，孩子就会变成那个世界里的人。为人父母，要做好孩子的榜样。人们常说，给孩子讲一大堆道理，还不如实实在在做一件事更有意义。家庭教育对孩子至关重要，父母只有迈好这一步，才能造就孩子健康阳光的个性。

以平和的心态对待孩子

做父母的应该以一种健康、平常的心态去看待孩子，多去了解孩子的内心世界，不给孩子的未来设置条条框框。因为过高的期望会给孩子带来压力；过分的指责会让孩子无措；过多的批评会让孩子自责……

因此，父母既是孩子的父母，又要成为孩子的朋友，要做到与孩子无话不说，同喜同乐。要注重每天与孩子的交流，与孩子进行心灵的对话，让孩子喜欢向你诉说他一天的收获与烦恼。无论是饭桌上对同一问题不同看法的争论，还是广场上一起玩耍嬉闹，都是走进孩子内心世界的桥梁。

父母在陪伴孩子的时候，不要对孩子的行为指手画脚，要经常用眼神、手势、动作、微笑来表达对孩子的赞赏，增强孩子的自信心，使他们更愿意将自己的能力表现出来。未来的社会，除了要求孩子具备渊博的学识外，更注重孩子的能力，面对激烈竞争的社会，要让孩子大声说：我能行。

走进孩子的心灵，成为孩子的朋友，不仅能让孩子感受到他的生活充满了阳光，也可以让父母学到更多的知识，永葆一颗童心。

无条件去爱你的孩子吧，因为，成长中的他们需要的是温暖、信任与支持，而非责骂、怀疑与放弃。当你相信孩子“一定行”的时候，孩子的言行就会朝着积极的方向去发展。

位置对等：请蹲下来与孩子沟通

沟通是人与人之间相处的桥梁，一个人无论是生活还是工作，都要与他人进行沟通，这样才能更好地完成自己所扮演角色的任务。而亲子沟通，无论是对父母还是对子女来说都是彼此人生中最重要的一部分，父母要注重与孩子的沟通方式，蹲下来与孩子交流，才能让孩子感受到自己被平等对待，才能进促进孩子健康成长。

命令是最差的沟通

很多父母在潜意识中拒绝接受与孩子的平等，放不下父母的架子。“我是你的妈妈，我不管你谁管你？”“我过的桥比你走的路还多呢！”……这些传统观念还遗留在父母的头脑中。有的父母更是认为：十来岁的孩子啥都不懂，小毛孩一个，我是他的父母，怎么可能平等呢？我的话他就得听，我的要求他就得做……命令式的口吻，居高临下的姿态，不仅会给孩子带来反感，更推开了你与孩子的距离。

有这样一个案例：

> 一个孩子被人怀疑偷了一辆自行车，父母听到邻居们的议论之后，第一反应不是确认事情的真假，而是直接动手打人。尽管孩子再三申辩自己是被冤枉的，可是父亲却根本不信，他只是一再强调孩子给家里人丢了脸，让他没脸见人；一味地责骂孩子好的不学，学坏的，长大了也没出息……孩子感到万分委屈，却无处诉说。本来，在孩子心里，最信任自己的应该是父母，可是父母甚至连事情真相都不愿意去了解，就直接给孩子定了罪名，严重伤害了孩子的自尊。孩子稚嫩的心灵受到重创，却得不到安慰，最后，这个孩子在重重压力之下自杀了。

这个孩子的人格没有得到尊重，孩子可能在想："连自己的父母都不相信我，别人还会相信自己吗？"彻底的绝望把孩子逼上了用最极端的方式证明自己清白的道路，用死亡来表达自己对父母的抗争……一条鲜活的生命就这样离开了他热爱的一切。很难想象，一个孩子要下定怎样的决心，才会让自己做出这样艰难的决定。反过来想，孩子宁可面对令人闻之色变的死亡，也不愿面对父母的指责，可见，父母的态度，比死亡还可怕，可见孩子受伤之深。

孩子需要平等的沟通，但是，如果在大人面前他们没有平等对话的机会，总是被动地接受父母的管束，有话不能说，有意见不敢提，久而久之，自己的想法就不敢也不愿与父母交流了。

父母与孩子人格上的平等，是父母与孩子平等交流的前提。人格上的平等表现在尊重孩子上，在孩子犯错误时宽容对待，在孩子做事的时候把他当作大人，才会让孩子感到平等和尊重。如果不能平等交流，不尊重孩子的人格，不能宽容地看待孩子，就会带来非常严重的后果。

平等拉近亲子关系

小林宗作说：“无论哪个孩子，当他出世的时候，都有着优良的品质。在他成长过程中，会受到很多影响，有来自周围环境的，也有来自成年人的，这些优良的品质可能会受到损害。”所以，父母要早早地发现孩子身上的优良的品质，并让它们得以发扬，把孩子培养成富有个性的人。

父母要承认孩子的长处、承认自己与孩子的差距，所以，父母的教育，要与孩子的视线齐平，与孩子在平等的位置上相处，这样才会培养良好的亲子关系。

我们经常说，三人行必有我师。在与人相处中我们是这样认为，也是这样做的。可如果说我们和孩子在一起，而这个老师变成了孩子，有些父母可能就接受不了了，就会说：“他一个小毛孩，懂什么？我还能不如他？还要向他学习？”有的父母则会说：“平时压着他还上蹿下跳呢，向他请教，还不把他捧上天！”其实，这些都是没有真正平等看待孩子的表现。

一个教育专家曾讲过这样一个案例：

在一次亲子关系讲演会上，专家这样问父母：“我想问大家一个问题，请父母配合一下，在电脑上玩过游戏的请举手？”大部分父母把手举了起来。“哦，我看到了举手的不少，看来大部分父母都会，大型游戏不会，最简单的连连看、扫雷也是会的。我还想问问各位父母，会制作幻灯片的请举手？”这时很少的几个父母举手了。专家继续说：“据我和儿子一个班的父母交流了解到，我们这个年龄段，也就是35~40岁的父母会做幻灯片的真不多，其实，孩子在小学三年级开设了计算机课以后，就学会制作简单的幻灯片了。”

专家继续说：“我只是想通过这个小小的例子来说明，现在孩子所接受的信息量和知识量以及学到的知识，比我们做父母的要多得多。最明显的就是电脑知识。上个星期天我在网上写博客，网慢得让我心急，儿子过来看到了就说帮我调调，于是他重新安装了杀毒软件，并进行了全盘杀毒清理，电脑果然快了很多。我在旁边看着儿子熟练的操作，心中不禁很佩服。”接着又对儿子说：“谢谢你，你真行，以后电脑方面我可拜你为师了。”

“以后有问题找我”小家伙说完，扬起小脑袋得意地走了。

专家继续说：“还有一次，电脑的地址栏找不到了，我很苦恼，试了无数遍，还是不行，我于是‘屈尊’找到孩子，就说，儿子你给看看怎么回事？他三点两点不一会儿就弄好了。我没看清儿子是怎么操作的，就又让他再操作一遍，于是我很谦虚地说：‘我很笨的，没看到你点哪里了，再教教我，下次就不麻烦你了。’儿子很耐心地又教了我一遍，随后我对儿子表达了由衷的感谢，看着儿子脸上扬起的笑容，我知道那是被尊重和被认可的喜悦。”

可想而知，当父母这样做的时候，孩子感到的是被尊重，也感到自己有能力可以帮助父母，是很自豪的，而亲子关系也在无形中被拉近了。

尊重，打开倾听之门

孩子对外界的事物敏感而好奇，其认知在每个成长阶段都有不同的特点，父母要学会尊重孩子，要学会当一个好听众。当孩子对事物有了主观认知之后，会觉得自己已经长大了，有了一定的主见，便不再愿意听别人的训导。

但是，孩子的认知，必然会存在一定的偏差和错误。父母要想办法纠正孩子的错误认知，应表现出对孩子的观点很感兴趣，成为孩子倾诉的对象；要重视孩子说的话，特别是一些孩子不愿公开的事，父母应看成是孩子给你的礼物；要让孩子感受到，父母是信得过又尊重理解自己的人，只有这样，孩子才会和你敞开心扉，无话不谈了。在这过程中，父母要认识到以下几点：

孩子虽小，却是独立的个体

人之初，性本善，孩子最是天真无邪，他们从父母、幼儿园那里学会了：做一个诚实的孩子，不乱扔垃圾，学会谦让，学会分享，不要撒谎，知错能改，勇敢地说出自己的想法等等。孩子会在反复的实践中去验证学到的东西是否是正确的，而这个最重要的实践就是与父母的互动。所以，父母要尊重孩子，只有在彼此尊重的前提下，才会产生一种健康的交流状态，而健康的交流状态则有利于亲密的亲子关系形成且持续。

我们要清醒地认识到，孩子虽小，却是一个个有独立认知的个体。对孩子的尊重包括：认真回答孩子提出的问题；答应孩子的事要努力兑现；看着孩子的眼睛说话；孩子为大人做事，要说谢谢；做事征求孩子的意见；对于孩子的意见，合理的要予以采纳；尊重孩子的隐私；不随意打断孩子说话；不代替孩子回答问题；父母错了要向孩子道歉；批评孩子时，要给孩子申辩的机会；放手让孩子自己解决同伴之间的问题；不拿孩子同别人对比；不戏耍、逗弄孩子；尊重孩子的兴趣爱好，不强行为孩子做选择；不强迫孩子去做不愿意做的事……

学会倾听

学会倾听，是沟通的第一步，是亲子关系中最重要的尊重。例如：孩子正为某事生气，要允许他发脾气，这至少是一种发泄方式。父母不妨停下手边的工作，安静地看着孩子，全神贯注地倾听，这等于告诉孩子：你是被我们在意的，我们在认真地听，在注意你所说的感觉或问题。父母的温柔对待，可以在一定程度上消除孩子心里的不满情绪。试想一下，这样的沟通还会出现剑拔弩张的景象吗？

合理回应

孩子往往是最敏感的，父母在与孩子的交流中，语调里暗含的态度与谈话的内容同样重要。父母不耐烦的语气会直接影响孩子的倾诉意愿，也直接影响着父母与孩子的亲子关系。另外，“身体语言”不可忽视，美国人类学家的结论是：所有影响力中，语言占7%，音调占23%，表情及肢体动作各占35%，可见其作为沟通工具的作用之大。

选择恰当的谈话时机

生理规律告诉我们，下午5~7点是生理活动最低点，我们需要在这一时间段内补充营养，恢复体力。所以，孩子放学回家时是不易谈严肃话题的，晚饭过后，心情逐渐开朗，是比较好的谈话时机。由于代沟的存在，可能有些冲突在所难免，但父母对待矛盾冲突的前提是不能伤害孩子的自尊。我们在与孩子进行沟通时，要选择合适的谈话时机，避免谈话内容受到孩子情绪波动的影响。

共同寻找解决问题的途径

当孩子遇到问题时是需要父母帮助的，个别孩子没有养成事事与父母沟通的习惯。所以，父母要注意观察孩子的情绪波动及行为表现，及时与孩子进行沟通，对孩子的行为进行指导，与孩子一起寻找解决问题的途径。父母给出的指导要越具体越好，解决问题的途径更要和孩子一起讨论确定，有些细枝末节的小问题或许在讨论过程中就被化解掉了。

一切均以“建议”的形式

很多父母，为了让孩子不输在所谓的起跑线上，给孩子报这个兴趣班，那个学习班，可是，又有多少父母真正征求过孩子的意见？为了实现父母的意愿，很多孩子成了报班专业户、成了学习的“奴隶”。“爸爸妈妈请理解我们，别再强迫我们补习了”——这或许是很多孩子的呼声。

还有很多父母喜欢包办代替、操心受累之余还会说：“我这么替他操心，他还不满意，我容易吗？”孩子们不但不领情，反而加剧了逆反心理。

给孩子建议，尊重孩子的选择

对于孩子的兴趣爱好，父母要给予尊重，特别是当孩子面临一生重要抉择的时候，父母更应该与孩子友好地沟通交流，给孩子合理的建议，与孩子的想法达成共识，绝对不能直接命令，否则会让自己和孩子都会感到痛苦。

让孩子从内心真正认同你

每个人都渴望被认同、渴望被赏识，这是人类深层次的心理需要。而心理认同影响人们对事情的态度和行为，在孩子身上，这一心理效应表现得很明显。例如：妈妈问孩子一些问题，让孩子给一些建议，如果孩子认为妈妈是器重自己才让自己回答问题、给出意见，那么他就会以积极的态度配合妈妈；如果孩子认为妈妈是在为难自己，想让自己出丑，他就会以消极的态度对待妈妈的提问。孩子认同心理的存在，往往是父母在教育过程中“出力不讨好”的实际原因。

不要让你的禁止激发孩子的好奇

很多父母经常认为自己的行为是为了孩子好，很多事情直接为孩子做选择，或者直接命令孩子如何去做，但结果可能不仅把孩子搞得“痛不欲生”，还使得父母和孩子彼此不理解，导致亲子矛盾的产生。

随着孩子智力的发展，认知水平也在发展，这个时期，父母越禁止他去做什么事情，他越会感到好奇，偏要去做这些事情。例如：如果你害怕孩子长时间在网上玩游戏，经常和他说：“不许上网玩游戏！”结果呢？越压迫他，他越会向相反的方向走。还有的父母，禁止自己的孩子与某些“坏孩子”交朋友，这种禁止的话重复多了，孩子会好奇，为什么父母会禁止我和这些孩子接触？结果反而让孩子更想去与父母禁止的“坏孩子”

交朋友了。

为什么孩子偏要去做父母禁止的事情呢？我们不妨做了一个实验，请不要想象一只蓝色的猴子！现在请你扪心自问，自己有没有去想象一只蓝色的猴子？其实，当你听到这句话后，脑中一定会不自觉地开始想象蓝色猴子的样子。其实这也就是为什么对孩子说“不要上网玩游戏”，而孩子偏要去玩的原因，这是一种不自觉的潜意识。所以，要让孩子去做某事，要与孩子一起讨论，得到孩子的认同。简单粗暴的命令，只会事与愿违。

父母在与孩子的沟通交流中，只有放下做父母的架子，不把自己的意志强加给孩子，真诚、平等地和孩子进行互动，我想你和孩子一定会相互理解、相互信任，亲子关系更会其乐融融。

欣赏孩子：为孩子竖起大拇指

没有赏识，就没有教育。人性中最本质的需求就是渴望得到尊重与欣赏。欣赏，是孩子精神生命中不可缺少的阳光、空气和水。赏识可以让孩子的心灵得到舒展，而孩子的心灵是否舒展则是教育成败的关键。

心灵舒展的孩子必然会欢乐而轻松地飞翔，心灵压抑的孩子只能痛苦而缓慢地爬行。父母要学会欣赏你的孩子，请适时为你的孩子竖起大拇指，让孩子感受到你对他的赏识。

请别吝啬你的“赞”

有这样一个故事：

一位妈妈第一次参加家长会，幼儿园的老师说：“你的儿子有多动症，在椅子上连三分钟都坐不住，你最好带他去医院看一看。”回家的路上，儿子问她，老师都说了些什么，她鼻子一酸，差点流下眼泪来。因为全班30位小朋友，唯有他表现最差，唯有对他，老师表现出不屑。然而她还是告诉她的儿子：“老师表扬你了，说宝宝原来在板凳上坐不了一分钟，现在能坐三分钟了。其他的妈妈都非常羡慕妈妈，因为全班只有宝宝进步了。”

那天晚上，儿子破天荒地吃了两碗米饭，并且没让妈妈喂。

儿子上小学了。家长会上，老师说：“全班50名同学，这次数学考试，你儿子排第45名，我们怀疑他智力上有些障碍，您最好能带他去医院查一查。”回去的路上，她泪如雨下。然而，当她回到家里，却对坐在桌前的儿子说：“老师对你充满信心。他说了，你并不是个笨孩子，只要能细心些，会超过你的同桌，这次你的同桌排在21名。”

说这话时，妈妈发现，儿子黯淡的眼神一下子充满了光，沮丧的脸也一下子舒展开来。她甚至发现，儿子温顺得让她吃惊，好像长大了许多。第二天上学时，去得比平时都要早。

孩子上了初中，又一次家长会。妈妈坐在儿子的座位上，等着老师点她儿子的名字，因为每次家长会，她儿子的名字都在差生的行列中，总是被点到。然而，这次却出乎她的意料，直到家长会结束，都没听到老师点儿子的名字，她有些不习惯。临别时，去问老师她儿子怎么样，老师告诉她：“按你儿子现在的成绩，考重点高中有点危险。”她怀着惊喜的心情走出校门，此时她发现儿子在等她。路上她扶着儿子的肩，心里有一种说不出的甜蜜，她告诉儿子：“班主任对你非常满意，他说了，只要你努力，很有希望考上重点高中。”

高中毕业了。第一批大学录取通知书下达时，她的儿子收到了录取通知书，她有一种预感，儿子被清华录取了，因为在报考时，她和儿子说过，她相信他能考取这所学校。

当儿子打开快递，把一封印有清华大学招生办公室的通知书交到妈妈手里后，突然转身跑到自己的房间里大哭起来，边哭边说：“妈妈，我知道我不是个聪明的孩子，可是，这个世界上只有你能欣赏我……”这时，她悲喜交加，再也按捺不住十几年来凝聚在心中的泪水，任它落在手中的信封上。

不知道大家听了这个故事有什么感受？是不是在反思自己教育孩子的方法？我们再来举一个“白见黑”的例子，那么大的一张白纸，父母们没看见，怎么只盯住一个黑点看呢？现在父母看孩子不顺眼，就是“白见黑”，所有的注意力都集中在孩子的短处和不足上，让孩子在“我是差生”的感觉中沉沦。其实，越是成绩差的孩子，越渴望成绩好；越是粗心的孩子越渴望细心；越是动作慢的孩子越渴望做事迅速。如果父母还是一味地强调他们的成绩差，粗心，这是哪壶不开提哪壶，是负面强化，就像跟头发少的人谈秃子的问题，一样让人受不了。

对于孩子，其实没有好坏之分，全看父母怎么引导。父母应该赏识孩子，要找出孩子可以发展的一面，鼓励孩子，多对他说：“你行！”“行”这个字为什么这么灵？因为它满足了孩子无形生命中最大的需求——赏识。孩子在父母们的赏识激励下，潜能就会像火山一样爆发。孩子的无形生命，在父母抱怨的目光中，就会过早枯萎；在父母赏识的目光中，就会长得枝繁叶茂，最后硕果累累。

父母对闯祸的孩子也一样，不能让孩子感觉到自己在父母心中有了不良的印象或父母对他已经失去了信心，而此时父母应与孩子及时沟通，平息孩子的惶恐心理，让孩子感觉到他在父母的心里依旧充满希望。

父母还可以列举自己或名人小时犯错的典型事例，以此来缓解孩子的心态，并鼓励帮助孩子改正错误。这不仅能让教育起到事半功倍的作用，还能让孩子对父母充满信任，成为孩子的知心朋友，同时使孩子更加珍惜现有的幸福生活，奋发向上。

发现孩子身上的闪光点

赏识教育的倡导者周弘说："没有教育不好的孩子，只有教育不当的父母。"农民对待庄稼的态度，决定了庄稼的命运；父母对待孩子的态度，往往也决定了孩子的命运。

农民希望庄稼快快成长的心情和父母希望孩子早日把成绩赶上来的心情是完全一样的，可做法却往往不同。农民日夜思考的是庄稼需要什么，是怎么满足庄稼的需要。父母为提高孩子的成绩，教育好孩子也会想尽办法，但是，往往会忽略孩子心灵深处的真正需求及其满足方法。庄稼长势不好时，农民从不埋怨庄稼，而总是从自己身上找原因；孩子学习不好时，许多父母却一味指责孩子，很少去想自己有什么责任，在自己身上找原因。

"尺有所短，寸有所长"，有些时候，父母只看到了孩子身上的缺点和不足，而孩子身上的亮点，却从来不会被发现。其实，所有孩子的身上都有亮点，就看父母以怎样的心态去看待自己的孩子。

请耐心对待你的孩子

面对不听话，顽皮的孩子，有的父母就有点缺乏耐心。确实，他们缺点较多，身上的积极因素和消极因素往往交织在一起，并以交叉的方式表现出来，这就更容易被父母忽视。

有些孩子表面看似不以为然，实际上内心又经常爆发出要求进步的火花，他们破坏纪律，不尊重别人，其实是想引起老师和父母的注意，期望得到更多的关注与认可。他们在受到粗暴训斥时公开顶撞的表现，也正是内心自卑与自尊矛盾斗争的复杂心理的一种特殊表现。

因此，父母要像沙里淘金一样，敏锐发现孩子身上的“闪光点”，找出其进步的苗头，创造条件促使消极因素转化为积极因素。

挖掘孩子的亮点

美国心理学家罗森塔尔的“未来发展的测验”给我留下了难以磨灭的印象。他曾在小学1~6年级中随机选取了20%的学生，对他们进行了测验，然后向老师宣布说：“这些学生有很大的学习潜力。”预示他们可能比其他学生有更好的成绩。但实际上，罗森塔尔并未做任何真正的测验。然而，八个月后，罗森塔尔和助手们对那些学生进行复试，结果那些被预言有学习潜力的学生，每个人的成绩都有了较大的进步，且性格活泼开朗，自信心强，求知欲旺盛，更乐于和别人打交道。一年后，再一次测验，这些学生的成绩仍在提高，这个实验成功的原因就是来自于赏识教育，因为罗森塔尔的预言对老师产生了暗示，左右了老师对这些学生的能力的评价，而老师又将自己的这一心理活动通过自己的情感、语言和行为传染给学生，使学生变得更加自尊、自爱、自信、自强，从而使其各方面得到了异乎寻常的进步。

马可·吐温也说过："只凭一句赞美的话，我就可以活上两个月。"当孩子一旦意识到自己被赏识、被重视，就会表现为积极配合，脑神经活动快，也更加灵敏，做事效率也会随之提高。同时，情绪高涨，做什么事都充满信心。可见，赏识会带来愉悦，愉悦会带来兴趣，兴趣会带来干劲，干劲会带来成就，成就会带来自信，自信会带来更大的成就……

父母要给孩子充分的理由，让他真正认识到自己的长处，寻回自信。父母的赏识不能仅仅停留在表面，"你不笨""你挺棒的"这些话对孩子的激励作用并不大，只有深入挖掘孩子的优点，才能起到激励的作用。

赏识孩子，应体现在行动上

赏识孩子也不能只表现在口头表扬上，而是要给孩子创造展示自己的机会。一次成功的回答问题、一次在众人面前的展示都能发挥孩子的聪明才智，让他们认识自身价值的同时，还能够体验快乐，增强信心，也让其他孩子能够看到他的过人之处。

善于发现孩子身上的亮点

每个孩子都是可爱的，每个孩子都是聪明的。父母要有意识地发现孩子身上的优点，要与孩子进行换位思考，站在孩子的角度看问题。作为父母，要及时发现孩子身上的优点，每个孩子身上都有许多优点，包括那些一身缺点的孩子，他们也有很多值得其他人学习的地方。父母只要抓住这些优点，适当地加以表扬，就会给孩子带来无穷的力量。同时，要善于运用赞扬的方法，既要赞扬孩子的优点，还要学会"赞扬"孩子可爱的缺点，这样才能为孩子的个性健康发展创造良好的环境和心理氛围。

每个孩子都有他的闪光之处，关键是父母能否善于发现和培养。找到孩子身上的优点，往往也就找到了他们的转折点。人们常说：“金无足赤，人无完人”，要让孩子认识到自己的优点和不足。

在帮助孩子改正错误的同时，更应从不同方面捕捉孩子身上的优点，给予肯定、表扬，从中引申到他们身上存在的某一弱点上，起到“良性刺激”的作用。亲爱的父母，请您记住这几句话：“孩子的成长需要欣赏”“每一次成功都是孩子进步的阶梯”“孩子所犯的错误都是成长过程中必不可少的”。

有一句话，说“太阳既照好人，也照坏人”。父母对孩子的教育其实也像是太阳，照到哪里哪里光亮。“你其实很棒！”“你真是个刻苦的孩子！”“试试，你可以的！”一句句肯定，一句句鼓励，就像温柔的风，吹进了孩子的胸膛，自信的种子便会在孩子心里生根发芽。当父母有一天看着那个当年的小朋友长成大人，走向远方的时候，才会发现，那棵幼苗早已长成参天大树。

作为父母，我们要与孩子建立良好的亲子关系，这样，孩子才能把父母当作朋友，有问题才会与父母及时沟通，掌握孩子的发展动态，我们也可以及时调整教育孩子的方法。只有孩子身上的优点得到充分的发挥，才能让人及时地发现闪光点，父母才能进行正确指导。所以，宝爸宝妈们，去挖掘宝贝身上的闪光点吧！

别被孩子的行为激怒

小孩子容易犯错，所以在教养孩子的过程中，让父母们怒不可遏的事情一定会存在，几乎无法避免。很多父母在心里明明知道，自己的情绪失控会对孩子产生不好的影响，甚至造成伤害，但还是会被孩子的行为激怒。

于是，父母总在冲孩子发完脾气后感到内疚和心疼，担心自己的怒火会伤害到孩子幼小的心灵，从而会痛哭，愧疚，妥协，反悔，甚至惩罚自己。若这种情况总是重复上演，孩子将继续任性，父母继续崩溃，亲子关系就容易陷入僵局。这个时候，父母就要意识到自己教育孩子的方式出现了问题，就要积极去改变这种局面，努力控制自己的情绪，不要被孩子的行为激怒。

寻找孩子发脾气的原因

每个人在发脾气的时候，一定会有原因，那么父母首先就要了解孩子为什么会发脾气，要清楚了解孩子身上究竟发生了什么事，才引起他大发雷霆。接着，就要与孩子一起分析发脾气是否情有可原。当然，父母也不要急于指责，如果孩子只是无理取闹，就要予以批评，同时要正面引导孩子，让孩子明白：随便乱发脾气是不好的行为，会给爱你的人带来伤害。

引导孩子认识到自己的不对

当孩子发脾气的时候，父母不但不能被孩子的行为激怒，还要冷静对待，引导孩子换位思考：“如果爸爸乱发脾气，你有什么想法？”让孩子说出自己的真实想法：他可能会觉得爸爸好可怕，有可能不喜欢爸爸了，觉得他是一个坏爸爸等等。而由此孩子也会明白：如果他乱发脾气，爸爸妈妈和小朋友都会不喜欢他了，让他意识到乱发脾气是错误的。同时，要教导孩子做一个勇于承认错误的好孩子。

控制自己的暴怒行为

当孩子感到父母对自己的关注度不够，或者感觉自己被忽视时，有很多孩子会以极端的方式试图引起注意。如果他正在“表演”，那是他在展现无法明确表达的情感。孩子还在学习阶段，大脑也处于发育时期，所以需要父母的帮助来稳定情绪，将他的感受转化成语言。如果父母能正确引导，就能将孩子下一次发脾气的行为转化为明确的表达。

当父母被孩子的行为激怒时，需要明白，自己的愤怒并无法帮到他，孩子此时正是需要父母正确引导的时候。所以，当父母发现自己情绪激动的时候，先不要急着采取任何行动，在心里默念二十个数，消除堵在自己胸口的大石头，恢复平和状态，然后再去面对孩子，相信孩子一定会变得更加通情达理。

很多时候，过度的急迫感常常会让人感到控制不住自己的情绪。深呼吸，让自己从“一级战备”的劣性应激反应中解放出来，学习舒缓自己的情绪，并尝试让孩子也平静下来。

即使孩子在发脾气，父母也要认真地耐心倾听，这样，孩子就会毫无顾忌地向父母展示他最脆弱的情感，渐渐地也就不再发脾气了。无论是还在学步的婴儿在闹脾气，还是10岁的孩子向你大吼，他们需要的仅仅是你的倾听。试想一下，你对大吼大叫的孩子说：“你这样对我说话，是不是心里有很多烦恼？宝贝，发生什么事了，说出来看看妈妈能不能帮你解决？”孩子被温柔对待，感受到你的乐于倾听，他也就会懂得，自己根本不需要大吼大叫，妈妈一直在关注我。最终，孩子会从我们的行为中学会控制情绪。所以，冲着孩子发脾气，百害而无一利。

营造情绪的安全氛围

孩子在刚开始发脾气的时候，也是在试探父母的反应，如果父母用充满关怀的方式来对待，就能同时为孩子营造出情绪安全感。不必限制孩子的情感表达，更不要把孩子关在房间里，企图让他们冷静下来，这不但不能创造情绪安全感，反而会让孩子觉得他的情绪是羞耻的、可怕的。

调整心态接受

如果孩子陷于愤怒之中，不能释怀，怎么办？其实父母要做的就是正确引导。首先，要放宽心态，即使在父母看来自己是对的，但与其反复强调自己的正确性，还不如让孩子感受到你对他的爱意。多从孩子的角度思考，他就会敞开心扉，让你看到他隐藏在愤怒背后的悲伤和恐惧。也许父母会觉得自己是在让步，但只要尝试了这种方法，就会发现放宽心态，和孩子换位思考，同时也是在治愈自己。

要让孩子懂得，在父母面前发脾气，家人还可能会包容他，但如果是在外面，在公共场合孩子也乱发脾气，会让别人觉得没教养。所以，父母从小就要培养孩子基本的道德素养，让他认识是非对错，而不是过分溺爱。

父母要做好承兑，孩子才会信任你

在教育孩子的过程中，父母必须记住，当你答应了孩子的要求，就一定要兑现承诺，这样才会得到孩子的信任。否则，就会在孩子心里失去威信，更有甚者，在孩子对父母失去信任之后，尽管父母做的事对孩子发展有利，也会让孩子感到反感。

父母对孩子言传身教的示范作用是极其重要的，他会在不知不觉中模仿你的一言一行，模仿你的各种习惯，当然诚信也不例外。很多人在人际交往中，想多留个心眼儿，多占对方一点儿便宜，结果不仅得不偿失，还给孩子造成了很坏的影响，让孩子打心里看不起这样的父母。而在日常生活中，有些父母常常为了诱导孩子做一件事，就轻易许诺，但事后就忘记了，孩子的希望落空了，也会产生一系列不良的影响。

陈东的妈妈是一名企业高管，平时工作繁忙，很少有时间陪孩子，便把他寄养在奶奶家。妈妈嘱咐他，要听奶奶话，帮奶奶做家务，如果表现好，得到奶奶的夸奖，星期天就带他去动物园。一句简单的承诺，让小陈东兴奋了好几天，每天都很努力让自己表现良好，听到奶奶的夸赞之后，总是第一时间向妈妈汇报，希望得到妈妈的认可。可是，到了星期天，妈妈却因为临时加班，就把日程推后了，而下一个星期天又忙着做家务，去动物园的计划被一推再推，最后不了了之。妈妈的诺言没有兑现，陈东不仅感到很失望，还有一种被欺骗的感觉，很长一段时间，无论妈妈说什么话，他都表示怀疑。

陈东妈妈这样的做法很不利于培养孩子良好的诚信品质。一个没有兑现的承诺事件，可能会让孩子产生各种想法：父母言行不一致，说的话不可信；妈妈撒谎，自己受骗了；为了达到目的，夸张一点儿说话、许诺也可以；许下的承诺，可以不兑现……

小孩子正处在了解社会、了解世界的成长期，几乎没有辨别是非的能力，若长期面对父母言行不一的举止，就会形成不正确的处世观念，从而影响孩子一生的发展。如果父母要求孩子做到的，自己却做不到，孩子以后又怎么会听从父母的教诲？言行不一的父母在孩子心中往往没有威信，会严重影响家庭教育的顺利实施，也影响父母在孩子心中的形象，影响父母和孩子之间的感情。

很多父母为了哄骗孩子听话，就轻易给出承诺，事后又觉得是小事，说过就忘了。可是在孩子的心里，每件事都是大事，如果父母说话不算数，那么孩子也就不会信守诺言。他们不把父母的话当回事，还会对别人诚实守信吗？这很不利于孩子诚信品格的养成。

有位母亲警告孩子，如果撒谎，就用针把他的嘴缝上。有人问："如果孩子真的撒谎了，你真会缝上他的嘴吗?"答案肯定是不可能的。显然，这位母亲试图用谎言来教导孩子不要撒谎，这样根本不可能培养孩子诚信的品格。

父母的承诺有的时候是一种激励，能够让孩子有主动性；有的时候是一种肯定，能够让孩子有自信心；有的时候是一种力量，能够让孩子知难而进；有的时候是一种航标，能够让孩子找准方向；有的时候是一种信念，让孩子能够勇往直前；有的时候是一种榜样，让孩子在无形中效仿；有的时候是一种能量源，让孩子拥有源源不断的正能量。

给孩子一个承诺，是父母的一种责任，通过这份承诺，让孩子懂得"言而有信"的做人道理。也让孩子在这份承诺里感受到了父母"言必行，行必果"的做事风格。这些都会让孩子听在耳中，看在眼里，记在心上，并且会内化成孩子的一种道德品质和行为准则。给孩子一个承诺，让孩子看到希望，给孩子一个不附带任何条件的承诺，让孩子享受承诺带来的快乐。为了孩子那份信任，请兑现你许下的每一句诺言，这是做父母的应该做到的，也是必须做到的。

收起唠叨：勿让唠叨关闭沟通之门

唠叨，指人反复地说着同一件事情。试想一下，当有人在你耳边反复地念叨同一句话，你烦不烦？心理学上有一个名词，叫“超限效应”，是指刺激过多、过强或作用时间过久，从而引起心理极不耐烦或逆反的心理现象。

不做“唐僧”妈妈

沟通是人与人之间和谐相处的有效方式，父母与子女之间的沟通更是直接影响亲子关系的好坏。常常会听到周围的人谈论起自己的父母：是不是年龄大了，更年期到了，怎么那么爱唠叨？那么换个角度去思考一下，我们平时与孩子在生活中，有没有唠叨？

周末休息，我带着孩子去游乐园玩。玩累了，我们娘俩就在附近一家快餐店吃东西。临近中午，店里人很多，我们找到靠近窗子的位置坐下。因为是就餐时间，店里虽然人多，却并不喧闹，人们点餐之后，基本都是一边静静享受美食，一边和同伴低声交谈着，享受一段午后的休闲时光。

突然，一对母子的对话吸引了我的注意力。

旁边的妈妈对着孩子说："跟你说过多少遍了，吃饭的时候对着碗吃，你看你，撒得满身都是。"孩子听完下意识地把身子往前靠了靠。

不到1分钟，那位妈妈又开口道："你看看，吃着吃着就忘了，把嘴巴对着碗吃，说多少遍才能记住啊？真气人。"孩子又听话地往前凑了凑。

没过多久，又听见那位妈妈尖着嗓子吼道："撒了一身，没人给你洗衣服！怎么说都不听。"

我看着那个可怜的孩子，低着头小心翼翼地吃着东西，一句话不敢说，眼中似乎忍着泪水。

听到这位妈妈的唠叨，我不自觉得想起了《大话西游》电影里唐僧嘴里念出的经文，仿佛真的有一道紧箍咒缚住了孩子，让他苦不堪言。

站在大人的角度，妈妈的话，是在反复地向孩子表达自己的想法，让孩子按自己的要求去做，虽然心里希望孩子"听话"，但其实根本没管孩子有没有听进去，反正我是反复说了，尽到了自己提示的义务了，至于自己说的目的，就不管了，很多父母在对待孩子的教育上，都存在这种现象。

对孩子而言，父母说过一次的话，一般会选择认真倾听，但是听到反复唠叨的话，可能孩子的耳朵就会选择自动屏蔽功能。他可能会觉得，父母根本就不是在跟自己沟通交流，唠叨更像是父母的一种自我发泄，跟他自己没什么关系，所以，这话就可以不听。

唠叨，只会削弱语言的力量，父母说了那么多，孩子未必能消化。其实，亲子间的沟通，因为有“血脉”的联系，有时候无须多言，适当地留给孩子一些思考的空间，更容易有意想不到的效果。可以说，唠叨在教育子女的过程中百害无一利。

阻碍了亲子沟通

孩子的很多行为，其实都是他们的天性表现，不能说就都是错误的，而且只有在不断探索中，他们才会逐渐形成是非观念，形成自己正确的三观。所以，父母看到孩子的行为出现问题时，要给孩子解释的机会，并不能一味地反复强调孩子的做法如何错误，要求孩子怎么做才是对的。在不了解孩子产生这种行为的原因时，就定下结论，对孩子而言，就是一种不信任，这种情况下，就算孩子说出一些理由，父母也会认为孩子是在狡辩。

导致孩子不自信

父母的唠叨，是父母教育行为失败的一种体现，同时在某种程度上也是一种对孩子的不信任和带有指责的表现，更是父母不善于控制自己情绪，将不满情绪发泄到孩子身上的表现。长此以往，孩子受到潜移默化，在巨大的心理压力之下，做事容易缺乏自信，其个性及品质的养成也有可能受到影响。

疏远了亲子关系

为人父母，都对孩子寄予厚望，当孩子没有按照父母的预期发展时，父母就想极力改变这个现状，知道不能打骂孩子，那就开始唠叨吧。但是，我们需要明白的是，孩子不是父母的附属品，唠叨不仅伤害亲子关系，也会将父母的焦虑和压力传递到孩子身上。本来应该是避风港的家，在孩子眼里却成了“风暴”中心，甚至很多孩子到了青春期，还会发生离家出走的现象。

削弱了孩子的责任感

父母不停地唠叨和说教，容易让孩子产生依赖心理，在孩子的心里，会形成一种错觉，反正事事都会有人提醒，自己根本就不必用心做事。而当出现问题以后，孩子的直觉反应就是把责任推到父母身上：你怎么不提醒我，你怎么不告诉我怎么做……所以，长期被唠叨的孩子，容易缺少责任感和独立意识，会变得懒惰、散漫，通常会唯父母是瞻，很难获得个性的自由而全面的发展。

让孩子对你无视

父母的唠叨，不仅会让孩子产生反感，更会让孩子在负面情绪的影响下，处于一种逃无可逃的处境，这种时候，他们会启动“选择性失聪”来保护自己。孩子不会去想父母的话是否正确，所以，父母的教育就不起作用了。因此，会教育孩子的父母，应该用宽容、宽松、宽厚的心态对待孩子，而不是对孩子做的每一件事都指手画脚。

亲子沟通中的先入为主

父母的主观判定，常常带有很强的个人色彩。例如：孩子说话比较多，有的父母认为孩子很爱表达，而有的父母则认为孩子是个“话痨”；

孩子说话少，有的父母认为孩子文静，而有的父母则认为孩子太内向了。甚至同一个父母对同一个孩子的认知，在不同的时间，父母的评判也不相同，例如：父母高兴的时候，可能会觉得孩子很活泼；不高兴的时候，又觉得孩子太闹腾。

当父母带着自己的主观色彩来判断和看待孩子时，孩子所有的行为就都成了父母的主观臆测的解释。因为父母事先已经用自己的主观判断给孩子贴上了一个标签。所以，父母要尝试改变自己的沟通策略，让亲子关系更加和谐，让孩子得到更好的发展。

先入为主的思维在家庭教育中，就是父母的主观评判，是父母以自己的价值观来评价孩子的言行，如果孩子的言行符合父母的价值观，就会认为孩子是好的；如果孩子的言行与父母的价值观不符，孩子就是不好的，从而开始喋喋不休。

其实，很多父母都容易犯这样的错误，下面列举一些亲子沟通中先入为主的表现。

父母以自我为中心

很多父母在亲子沟通中，对孩子的任何行为都先入为主，以自我为中心的倾向，是导致亲子沟通不畅的较为普遍的原因之一。父母之所以会以自我为中心，很大程度上是由于他们的权威意识——我吃过的盐比你吃过的饭都多，当然得听我的。更有甚者，连孩子几点喝水、上厕所等生活琐事也统统由父母安排，孩子只要听指令行事就可以了，这不仅打击了孩子在亲子沟通中的主动性，还会导致其依赖性增强。

随意打断孩子的话

在与人沟通中，我们都知道不能随便打断别人说话，但是换到亲子互动之中，却有很多父母随意打断孩子的表达。例如：当孩子在兴致勃勃地和你分享幼儿园发生的趣事时，你一句“你今天怎么把衣服穿得那么脏？”不仅直接打断了孩子话题的思路，还会给孩子一种感觉，妈妈对我说的话题不感兴趣。久而久之，孩子便失去了和你沟通的兴趣，甚至可能在表达时背负心理压力，急切地想表达却又怕被打断或者怕被嫌弃。

缺少对孩子的尊重

亲子沟通中，孩子被先入为主，不被尊重的情况时常发生。如果在父母的印象里，自己家孩子不够听话，父母在还没有弄清事情真相的时候，就会先入为主地觉得坏事一定是自己家孩子做的，或者肯定自己的孩子是故意这样做的。例如：家里的碗打碎了，父母找到孩子立刻板起脸，“一定是你干的，什么事都做不好，还总惹祸……”父母觉得孩子自控力差，这样的推断是合理的，甚至咄咄逼人，让孩子无从辩驳，可是父母并不知道，自己的自以为是，先入为主，会给孩子造成多大的伤害。

情绪化严重

每个人都在社会生活中扮演着不同的角色，会面对来自各方面的压力，回到家里，有些父母也会带着情绪处理亲子问题。父母的情绪化，不但不能解决问题，反而会给亲子沟通设置更大的障碍，要知道，情绪化的父母往往会教育出更情绪化的孩子。曾经有一个孩子对母亲说：“我不喜欢你了，我让大家都不喜欢你”，母亲也正好在气头上，回应道：“我才不用你喜欢”，结果母子二人“冷战”了一下午。试想，如此循环往复，孩子还愿意和父母说话吗？基本的沟通都没有了，还谈什么有效沟通？

沟通缺乏亲和力

人的双面性在家庭中表现得非常明显，一个在外面被夸脾气很好的爸爸，回到家里有可能表现出对孩子的极不耐心。我们常说，父母是孩子的榜样，父母的言行举止也会在孩子身上得到印证，如果父母说话的口气过于强硬，时间久了，孩子也会形成这样的性格。父母与孩子之间发生了分歧，如果谁都不肯让步，不仅孩子心里受伤，父母心里也不会好受，在这样的环境下，没有谁是赢家，我们看到的只是亲子沟通的失败。

亲子沟通中出现的各种问题，都会制约孩子个性的良性发展，父母要采取相应的策略，改变这种亲子关系，让孩子的性格得到健康发展。

心平气和地与孩子说话

父母的心平气和是孩子成长的最大养分。父母如果随着自己的情绪好坏来教养孩子的话，那么这个孩子在成长过程中一定无所依从。他会搞不清楚自己到底想要什么，也搞不清自己该怎样去迎合父母的脾气。

如果我们的父母能够控制自己的情绪，在任何时候都能充满理性地和孩子进行沟通交流的话，那么孩子一定可以养成心平气和的情绪，长期以来形成的习惯，就能让孩子心平气和地面对困难、挫折、失败等。

接下来，我们看一个爸爸的自述：

> 最近一段时间由于工作压力过大，回到家里总感到一身疲累。而对孩子的很多调皮的行为，原本自己平常都还能忍受，结果最近却感到越来越没有耐性，因此常常对孩子大声斥责，孩子也偶尔忍不住顶嘴。于是情况愈演愈烈，我越骂越凶，也感觉孩子越来越不听话。

又一次，因为孩子没有把玩完的玩具收回整理箱，我对他进行了大声地斥责。看到又一次发脾气的我，孩子先是一愣，继而生气地大声回应我说："我知道了，这不是已经在收玩具了吗，你喊那么大声干什么？"听到孩子的顶嘴，我更加气愤，凶神恶煞般地把他叫来跟前，问他："为什么要这么大声跟我讲话？你这样做对吗？"结果，孩子低着头，小声地回答我说："是你先大声吼我，我才大声吼你的。"

此时，我才意识到面对孩子时，自己的情绪失控，是会给孩子带来伤害的。当我察觉到是我自己的问题时，马上进行了反思，的确是自己把工作的疲累情绪发泄到了孩子的身上，在与孩子进行沟通时，变得没有耐性，运用强硬与权威的态度，以为这样就可以赶快把事情给做好，最后却演变成孩子有样学样，也跟着我一起学会了发脾气。

孩子仿佛是一面镜子，能充分反映出大人的行为。父母在管教孩子的过程中往往很难控制自己的情绪，即使孩子一时碍于父母的权威，暂时把他的行为收敛或改变，但他的内心却不会因此就信服，后续的成长过程中，可能还会发生类似的行为。

父母在管教孩子时，应该使用的是逻辑后果，不应该是威胁。例如：要是你不马上把电视关掉，我就不让你玩游戏！不应该是妥协，例如：再看5分钟就必须要关掉了！也不应该是镇压，例如：我数三下，你得马上给我关掉，3—2—1！更不应该是唠叨，例如：关掉电视，好不好，好不好，好不好？

引导孩子的唯一途径是心平气和地与之沟通，你要让孩子的所有想法呈现在你面前，尽管这些想法在你看来还有这样那样的不足。但这就是完整的孩子，只有让孩子完整地呈现在那里，掌握孩子的思想动态，才有机会引导孩子养成良好的行为习惯。

任何对孩子的训斥和打断的否定行为，都可能会让孩子退缩和隐瞒，这样父母就无法做到全面了解孩子。所以，在和孩子沟通时，要鼓励和肯定孩子，让他愿意主动和父母交流。孩子的想法，父母赞同的，要给予鼓励和夸奖；父母认为不妥、不认可的，也不能只是简单地给予批评和否定，更不能训斥和惩罚，否则的话，孩子可能下次就不敢再和父母说想法了。父母可以首先肯定孩子愿意动脑筋思考，但要指出其想法错误或不合理的原因。

在与孩子沟通时，父母要按照孩子的思路，引导他多走几步，或者退回几步，让他自己看到结果，并且由他自己去选择坚持还是改变。可以用孩子熟悉的事情进行引导，也可以是某个故事，某个动画片等等，用一切他感兴趣的事物来引导。这样父母就达到了与孩子的心灵沟通，也不会陷入自以为是的说教之中了。

也许一次两次都达不到想要的效果，那也得慢慢来，或许在这个漫长的引导过后，就会收获到意想不到的效果。坚持这样做，就会迎来简单的教育，至少父母和孩子关系融洽，思想上保持沟通，情绪上没有负担，孩子是快乐的。

在沟通的过程中，父母要注意让自己的表达和孩子的理解在一个频率。我们想表达的，和孩子所听到的，往往并不是一回事。例如：孩子要喝凉水，父母不让喝，父母想表达的是：孩子消化吸收功能可能还没发育完全，喝凉水容易引起孩子肠胃的不适。而孩子听到的可能就是：我做什么事情父母都反对，一点自由都没有，连喝水的事都管我。所以，当父母能够特别留心孩子到底听到了什么之后，就会逐渐明白自己到底要如何去说了。孩子听到的就是父母真正想表达的，这样才会帮助父母心平气和地与孩子进行沟通。

学会倾听：做孩子的忠实听众

倾听，是人际交往的基础，也是赢得良好关系的金钥匙。真正的倾听，不论时间多么短暂，都需要全身心的感官调动，要付出相当大的努力，更需要倾听者做到全神贯注。这同时也是对表达者最基本的尊重。父母在与孩子进行沟通的时候，也应该把别的事暂且放到一边，全身心去关注孩子所说的话题。

耐心倾听孩子的烦心事

孩子的成长过程中可能充斥着各种各样的烦恼和不愉快的烦心事：喜欢的玩具坏了，被老师批评了，丢了五角钱……这些在成年人看来鸡毛蒜皮的小事，对于他们来说却至关重大。他们需要找人倾诉，宣泄不满的情绪。随着年龄的增长，孩子会有越来越多的烦恼，学业上的、感情上的、人际关系上的，青少年更需要有人倾听自己的烦恼，更渴望被理解。

一般人遇到问题都希望找个亲近的人倾诉，烦恼一旦有别人分担便仿佛减轻了许多。当孩子遇到了烦恼时，也同样需要有倾诉的对象。作为父母，你倾听过孩子的烦恼吗？你听过后又做了什么样的反应？是命令、质问、责备还是说教？当这些态度一出现，孩子可能就不会再说话了，因为他感到不被理解，以后在父母面前也会把真实的想法隐藏起来。因此，为了使孩子从消极的情感中摆脱出来，父母应该放弃传统的说教方式，学会倾听，让孩子把自己的情绪尽情地表达出来，你会成为孩子最知心的朋友。

重复孩子述说的内容

父母在倾听孩子讲话时，可以不时地用自己的语言将所听到的话重新表达出来，向孩子表明自己已经理解他说话的意思了。父母倾听孩子的述说，并不能神奇地把孩子的伤痛和绝望一下子全部消除，但这种谈话方式却有它的独特之处：

*它把父母摆在一个与孩子平等的地位。

*它给孩子搭建了进一步充分表达思想的阶梯，父母重复孩子的话，便是向孩子传达这样一个信息：我并不会因为你惹麻烦而减少对你的爱，我可以分担你的苦恼，并引导孩子进一步敞开心扉。

*正视孩子的错误观点和片面看法。这种先表示理解、接纳，再进行重复的谈话技巧并不是无原则地迁就孩子，而是通过巧妙地重复让孩子重新审视、推敲自己刚说过的话，确认它是否正确。

使用表情变化来传达

例如：保持微笑，并常常做出吃惊的样子。孩子最爱“大惊小怪”，他们希望看到大人对自己所说的事情表现出吃惊的表情。孩子认为能把大人吓住，说明自己很有本事。父母要迎合孩子的心理特点，你们的沟通才会有效。

用语言表达

父母在与孩子交流中要经常用“嗯”“哦”“我知道”之类的词语，表示自己正在专心地关注孩子讲话。如果父母只顾听孩子说，而不用自己的声音传递专注，会引起孩子误会，他们会以为父母在想别的问题，并没有在听他说话。在与孩子说话时，低声细语能让孩子感到与父母处在平等的地位上，有助于孩子对父母敞开心扉。

随时发觉孩子的情感变化

多注意观察孩子的情绪与行为，父母有时的一句话，一个微笑都能让孩子感觉到你对他的关心。父母良好的倾听习惯是孩子将来养成倾听习惯的基础，父母的一言一行、一举一动都是孩子学习倾听的最好榜样。因此，即使是在家里，父母也要特别注意交谈时的方式和礼仪，专心听对方讲话，不要同时做其他的事。

你能够做到认真倾听，证明你能够给孩子足够的尊重，孩子感受到了你的尊重和爱，就会感受到自己的价值。给孩子足够的尊重，才能让他们懂得自尊自爱，孩子感受到的尊重越多，他们有价值的表达也就越多。

对孩子倾听得越多，就越是能够意识到，在无数的停顿、重复、结巴乃至唠叨中，孩子的确能说出有价值的东西。真正倾听孩子讲话的人都会承认，从孩子的嘴里，往往能说出最伟大的智慧。你要坚信，你的孩子极可能是个独特而出色的人，意识到孩子的特别之处，就会更加愿意倾听孩子说话，对他们的了解也就更多。

对孩子了解得越多，就越是愿意教给他们更多的东西；如果对孩子的了解少得可怜，那么你教给他们的东西，要么是他们不感兴趣的，要么就是他们早已知道的，甚至他们比你的理解可能还要更深入一点。只要孩子感受得到你的尊重，他们就会觉得，你把他们看成是出色的人，这样一来，他们也就更加愿意听你的话，并给予你同样的尊重。

如果你了解孩子，教育得当，孩子就渴望从你那里学到更多。父母和孩子都可以从爱的互惠中，感受到成长和进步的力量。价值创造价值，爱诞生爱，父母和孩子在爱的默契配合中，就像是跳起双人舞，在舞台上共同旋转，动作流畅而敏捷，舞台效果一定是美的。

不要轻易打断孩子的表达

还记得自己的宝贝第一次开口叫爸妈时，你那种兴奋而又激动的心情吗？我们都曾经为孩子会说话了而兴奋不已，却在孩子长大后不再有耐心去听孩子说话。其实，孩子可能会有很多想法想和你倾诉，所以，请让孩子把话说完，不要再随便打断孩子说话。

父母要学会理解孩子。在学校生活了一天，孩子肯定会有很多快乐和烦恼，当他回到家中，快乐需要有人分享，困惑需要有人解答，烦恼需要找人倾诉，愤怒更需要向人宣泄，而这个人只能是孩子最亲爱的爸爸妈妈。这个时候，父母要认真地倾听孩子的诉说，孩子就会感到，自己在爸爸妈妈心中是重要的，从而增强孩子的安全感，这种安全感会让孩子终身受益。

孩子在表述自己心中的想法，或者倾诉烦恼的时候，不要打断他，也不要有不耐烦的表现，也许从一开始，我们就知道孩子说的不一定全对，想法也许没有太大的参考性，但我们也要认真地听完。如果孩子说得对，我们可以夸奖他，并且有选择地按照他的意见去做，这也是给孩子最大的鼓励。当孩子看到他的想法被采纳后，他会更乐于去思考。如果孩子说得不对，我们也要表扬他敢于发言的精神，并帮他分析为什么不对，引导孩子继续思考。

倾听孩子的心声，还会使孩子对父母的信任越来越深。要让孩子敢于向父母袒露自己的内心世界，让父母清楚地了解他对事物的看法和感受，并能主动接受父母的引领。当孩子遇到委屈和挫折时，父母的倾听与表达的关爱之心，能够化解孩子心中积存的不快和紧张情绪，恢复孩子的自信心，勇敢地面对新的挑战。

小佳朋放学回到家就耷拉着脑袋："唉，烦透了。今天语文老师和英语老师下午都来补课，班主任又训话，一直到5点钟才结束。"

"是吗，那你们都累坏了吧。"妈妈关切地问。

"可不是，本来我们几个同学约好了去打篮球，又泡汤了。"

"哦，怪不得不高兴，原来老师占了你们体育活动的时间。"

"而且，老师还布置了一大堆作业，今天晚上又要做到很晚了。"

"那我赶紧做饭，早点儿吃完饭，你好写作业。"

"我还是现在就写吧，免得来不及。"说着，佳朋就打开书包，拿出了作业本开始写作业。妈妈看着写作业的佳朋，开心地笑了，孩子发泄了不满的情绪，问题也就解决了。

如果佳朋的妈妈，没有注意到孩子的情绪，也没有耐心倾听孩子的抱怨；或者她听了孩子的诉说，不但打断孩子的话题，还责备孩子不理解老师的苦心；又或者妈妈开始给他讲刻苦学习的大道理，佳朋可能就不会那么心平气和地去写作业了，而且，以后佳朋有可能也不再跟妈妈无话不谈了。

那么，父母怎样才能成为积极的聆听者呢？

认真揣测孩子的真实想法

当孩子抱怨“我烦透了语文老师！”父母往往立刻开始了尊师重教的说教；当孩子说“我不喜欢我的同桌。”父母往往赶紧提出几条结交朋友的建议。但是，父母需要知道的是，你的建议并不一定能解决孩子的烦恼，还会给孩子带来你没有认真听我倾诉的反感。

如果父母忙忙碌碌、心不在焉，就不要尝试积极聆听。因为你需要时间思考，确定孩子一句玩笑话里是否掩藏着失望和伤心；一句尖刻的批评中是否隐含被别人排斥的伤痛；一句对成功随意的评价是否包含着克服巨大困难的成就感。父母需要花费精力仔细琢磨，适时地对孩子的表述做出适当的评价，让对话延续，帮助孩子表达真情实感。如果你主动挑起话题，孩子正打算敞开心扉却发现他的话被你三言两语打断，他会很快就不再信任这样的对话，并拒绝与你深入交谈了。

积极聆听需要恒心与耐心

很多父母在教育孩子的问题上，缺乏足够的耐心，但是积极聆听，却需要耐心与恒心。当父母刚开始使用积极聆听的策略时，对话也许会显得不自然、生涩，甚至出现中断，但随着练习，你会进步，你可以同时在与家人、同事、朋友的交流中运用积极聆听。老习惯可能会很顽固，但你渐渐会发现自己的言语中少了许多警告、建议和批评，与孩子的交流越来越顺畅。

积极聆听需要恰当的时机

只有恰当的积极聆听才是有益的。当孩子只是寻求信息而并未表露情感时，父母只需要提供信息或指导；当孩子不愿意谈论心里的感受时，父母更要尊重他的隐私，不要一个劲儿地打探。如果积极聆听进行到一定程度，孩子不想再谈了，那最好到此为止；如果父母太忙，或因其他原因无法维持长时间的谈话，就不要启动积极聆听的对话。

注意孩子的语言和行为线索

孩子的态度随意吗？你是否感到孩子的话语间带有与平时轻松的口气不一致的紧张情绪？孩子是否不舒服、畏缩、沉默、心神不宁或心不在焉？同样，父母需要注意自己的情绪，你的思绪是否还围绕在工作中一个没有解决的问题上；你是否正为周末请客的菜谱而头痛；你是否真的关心、同情孩子，并愿意无论花多长的时间也要与孩子进行一次积极聆听的对话。

当我们感到苦恼、伤心或愤怒时，我们需要有人能够积极聆听。父母积极聆听孩子的倾诉，会使他们感到自己的情绪反应是正常的，不是小题大做，孩子心里的波澜就会平息下来，在父母的正确引导下，孩子就会朝着好的方向发展。

否定者、讲道者及施压者

在亲子沟通时，有时孩子的话题刚起个头，就被父母直接打断了，并开始对孩子进行批评与斥责，这样粗暴地打断孩子的话，孩子接收到的都是负面的批评否定，会让他立即没有了倾诉的兴致。所以，在与孩子的亲子互动中，尽量避免成为一个否定者、讲道者及施压者，这样才能成为孩子的最佳倾听者！

否定者

当孩子讲述对一件事情的看法时，就算不认同，也不应立即否定孩子的看法，像说："你这样，妈妈觉得不对，你不应该……"，不如委婉一点说："你这样做虽然妈妈也觉得你考虑得挺多的，但是……"更好。

讲道者

与孩子沟通，最怕的就是成为一个讲道者。当孩子才刚开口，父母就说："你这样做不对，你应该……"，经常性地长篇大论，可是会让孩子退避三舍的。

施压者

恼羞成怒是为人父母最忌讳的。由于孩子还小，很多时候不能清楚准确地表达自己的想法，所以，父母如果不断地追问，可能会形成孩子的压力，而造成反效果，使孩子越来越不想和你倾诉。

最常见的是小朋友刚上幼儿园，一回到家，妈妈就急着追问，"今天你学了什么啊？说一句英文给妈妈听。"如果孩子不会，妈妈可能就会生气地逼问孩子，"你怎么什么都不会，快点想想啊！"这就有可能会带给孩子极大的压力，而令孩子更紧张。建议父母在孩子答不出问题时，可以说："我来猜猜，你今天学了什么？"或是说："啊！你忘记了？没关系，等想起来再告诉妈妈。"这样会在无形中减少孩子的压力。

小雪："我不要吃菠菜，我讨厌菠菜。"

妈妈："不行，菠菜是很有营养的蔬菜，对你的健康很有帮助，一定要吃。"

小女孩："我讨厌马尼叔叔！"

爸爸："我不想听到你说这样的话，他是我的兄弟，你不可以说他的坏话！"

如果我们像上述的父母这样直言否定孩子的感觉，那么我们无疑是在告诉孩子：他没有能力做出正确的判断，同时也在暗示他，我们并不在乎他的感受。只有我们尊重孩子的感受，孩子才会了解我们对他的爱，并了解到人的每一种感受都是在一定的条件下才会产生的。孩子会在无意中模仿父母的言行，你对问题的看法和采取的应对态度，会直接被孩子模仿，所以，不要直接否定孩子的感觉，要学会正确引导。

就上述的第一个例子而言，如果妈妈以另一种态度对小雪说："你觉得菠菜的味道很奇怪吗？不然你先吃一口看看，如果真的不喜欢，就不要吃了。"而第二个例子，如果爸爸不急着否定小女孩的感受，继续询问为什么她不喜欢马尼叔叔，也许小女孩就会说出自己的想法了。

上述两位父母的反应，其实都是在否定孩子拥有表达情感的权利。那么，父母的否定态度对孩子会有什么影响呢？它会让孩子觉得自己的感觉是不对的，只有父母的认可，才能使他感到安全。

父母的否定，会让孩子也否定自己的真实感受，进而会以父母的方式感受这个世界。但是当孩子长大后，因为长期否定自己的感觉，他不知该如何为自己争取权利，更缺乏从容面对他人的经验，遇到事情，孩子会无所适从。最终的结果，孩子要么沉默不语，要么让事情发展到让自己无法承受，直至崩溃。

直接否定也会让孩子缺乏独立性。否定孩子的情绪，让孩子以父母的方式来看待这个世界，是省时又省力的教导方式，可以让父母有更多时间处理其他的事。但是，如果父母愿意对孩子付出时间，就可以有极佳的机会教育出心灵健康又有主见的孩子。

孩子有权利拥有自己的情感，也有权表达自己的情感，父母不应该对孩子说“你不可以有那种感觉”，而可以说“我很难过你这么想，因为我的感觉是……”孩子的意见也许会和父母不同，有时很难判断哪一方的意见比较合理，但当父母懂得尊重孩子的感受时，孩子也会更尊敬父母。

我们再来看看，否定会对孩子的自我评价有多大的影响呢？我们可以从一本叫作《好饿的老狼和猪的小镇》的绘本里找到答案。

故事讲的是一只非常饥饿的老狼在树林里寻找食物，它找到了一个猪小镇。当它进入猪小镇的大门时，没看到一只猪的影子，却看到了一家叫冬冬拉面的面馆，专门卖各种“老狼肉拉面”；还有一家书店，卖各种如何捕捉狼的书；还有一家电器店，卖香酥脆皮老狼微波炉和可以放下一整只狼的大冰箱。老狼心想，自己在这里肯定会被吃掉，要赶快逃跑。这时候来了很多猪围着老狼，声称要吃掉它。

于是，老狼伪装成猪的声音落荒而逃了。

整本《好饿的老狼和猪的小镇》绘本里面，充满了天真的童趣和温馨诙谐的故事情节，看似笨笨的小猪却战胜了老狼。一般的小猪在人们的心里都是那种喜欢吃，喜欢睡觉，喜欢打滚的懒惰形象，可这里的小猪却是那么聪明，通过自己的智慧战胜了想吃掉他们的凶恶老狼，让我们看到了一群不一样的猪，也对猪有了一个全新的认识。

或许，孩子在读了这个故事之后，就不再胆小了，再面对困难时，会去思考如何用智慧来解决麻烦。当然，这是以小猪的视角来看待问题，那么如果我们是老狼呢？老狼向来是森林里比较凶恶的动物，谁见了都害怕，怎么突然就变得胆小如鼠了呢？其实，这是绘本名家宫西达也在书中给我们安排的第二层寓意。

狼最后之所以会怕小猪，是因为它在进入了猪小镇之后一直被否定。在猪小镇里，狼是可以被做成食物的，是食物链里最底端的动物。那么事实真的如此吗？当然不是，但是说得多了，就让老狼开始自我怀疑了，最终导致它自己也以为猪是可以吃狼的。

《好饿的老狼和猪的小镇》就以此传达了宫西达也对父母在教育孩子方面的隐忧和美好愿望：一直被否定的孩子最终就会成为你所否定的那种人，父母每天少说一个否定词，多说一句赞扬的话，会给孩子的将来带去更多的美好。

把握交流时机：掌握沟通好时机

沟通，比技巧更重要的是时机。每个人都会有情绪的起伏，每当情绪低落时，也许任何人、任何事都会成为你情绪爆发的燃点，可如果你的情绪处于激扬的状态时，那么即使发生了令人不太开心的事，也可以忽略不计。所以，在与孩子进行亲子沟通时，把握好沟通的时机很重要，只有把握好谈话的时机，了解对方的情绪状态，沟通才会收到预期的效果。

选择最佳的沟通时机

一位母亲曾说：女儿中考之前，由于学习压力太大，每天的情绪起伏都很大，不知从什么时候起，女儿的情绪成了我的晴雨表，只要看到孩子高兴地从学校回来，我的心就跟着雀跃；但凡她一声不吭地进门，我的心就会跌落谷底。我觉得自己完全处于一种无法控制的状态，当时的那种焦虑让我自己都觉得那么无奈和沮丧，我曾尝试与女儿进行沟通去舒解她内心的压力，可是效果并不明显。

案例中的状况，在很多家庭中都不同程度存在，来自家庭、学业、人际交往等各方面的压力，会让心智还没有完全成熟的孩子感到无措。这个时候，就需要父母掌握好沟通时机，与孩子进行有效沟通，达到帮助孩子解决问题的目的。

在与孩子进行沟通时，父母需要做到以下几点：

做好充分的心理准备

如果想与孩子有一个良好的沟通，我们首先要有一种正确的教育观念，调整好自己的心态，能做到不管孩子出现什么问题，都能平静面对，达到以柔克刚的教育效果。

心口如一地交流

我们自己都知道，心口如一和心口不一的表达，神态、语气、表情绝对是不一样的。即使你强迫自己尽量表现得自然，但那种表情一定是僵硬的。语气也是如此，当你内心认可孩子的时候，你的语气自然就会变得柔和、亲切。相反，如果你内心并不认可孩子，而只是想表现出认可的样子，语气也会变了调。孩子是相当敏感的，我们任何的感情流露，都会被孩子像信号接收器一样全部接收。所以，父母与孩子交流时，一定要真诚地面对孩子，用最佳的面部表情和语气与孩子沟通，这样就会有一个好的交流效果。

跟孩子的谈话应该是真诚的，所言即所想，才能引发孩子内心情感的流动，才能触动孩子的易感神经，才能达到交流的目的。如果心里想的是“你这孩子太气人”，但是为了不跟孩子起冲突而违心地说：“妈妈理解你！”虽然语言是改变了，但你内心的焦虑和不安会通过你的表情、语气和肢体语言等微妙地传达给孩子，交流效果就会大打折扣。

无条件、不带期许的交流

跟孩子交流沟通时，要做到无条件地、没有任何期待地交谈，而不是带着自己极高的期望：我这样和你交流了、我这样好的态度对待你了、我这样宽容你了，你就一定得给我变好。而当效果不好时，父母往往就会恼火，就会委屈，就会感受到来自孩子的挫败感。其实，只要我们无条件地和孩子交流，孩子就会感受到我们的真心，不用去做任何说明和解释，孩子就会随着我们的沟通而改变了。

场景和时间的选择

如果想与孩子交流，就要选择相对安静的环境，创造相对轻松的气氛，这样，孩子就会放松心情与你交流，自然就会说出很多你想了解、想知道的事情。在这种状态下，孩子也容易接受父母的引导和启发。

即使亲子关系再好，父母也要顾及孩子的感受，选择一个恰当的时机，例如孩子高兴的时候、闲暇的时候等。不要想时时刻刻都与孩子交流，因为孩子也有不高兴的时候，或者有自己感兴趣的事正要做。如果父母不顾及这些，硬要跟孩子交流，最终一定会遭到孩子的冷落甚至攻击，孩子不开心，父母也委屈，根本就达不到交流的目的。

总之，想与孩子交流，不但要学习一些技巧，还要注意交流的时间，场景和时机的选择，以及交流时情绪、语气、表情和肢体语言的配合。只要我们注重了孩子的感受，把握好了时机，做好了与孩子沟通的准备，交流就会顺畅而自然了。

有些父母总在抱怨：我几乎每天都是在看着孩子的脸色活着，我已经和颜悦色了，为什么孩子还是不愿意听我说话？为什么我与孩子的沟通的效果还是这么差……如果你也有这样的感受，那就再想想，自己与孩子是在什么情况下沟通的，如果是这几个时间段，那么你就要认真思考一下自己的沟通时机了。

父母要注意，有外人在的情况下尽量不去批评孩子。人都希望在外人面前能保有颜面，所以，当有外人在的时候，不要跟孩子讲道理。当众教育孩子，无论是态度强硬还是循循善诱，孩子都不会接受，因为他会觉得没面子。想想年轻时候的我们不也好面子吗？所以，给孩子点尊严，有什么事情，咱们回家再说。

许多父母常常在吃饭时间和孩子沟通，其实这并不是沟通的好时机。现在很多父母工作都很繁忙，很少有时间陪孩子，于是吃饭的时间就成了父母教育孩子的“黄金时段”。但事实是，这种做法不但没有达到与孩子沟通的目的，还会影响孩子的食欲，伤害身体不说，更会让孩子觉得跟爸妈吃饭是件很痛苦的事情。

另外，当孩子专注于做一件事情时，无论是学习还是娱乐，请不要在他旁边喋喋不休，因为这时候的唠叨，他不仅几乎听不进去，还会觉得你很烦。换位思考一下，当我们认真做事的时候，谁希望被打扰呢？为何不等孩子停下来，两个人再坐下来认真地聊聊，沟通这件事情是需要走心的。

说了这么多，父母最应该认识到的一点是，很多时候，我们都“小看”了孩子。通过学校的学习及社会阅历的增加，其实，很多大道理孩子都看过或者听过，只是有些还不是很懂，还做不到而已。

孩子没有经历过人生的酸甜苦辣，不懂得很多机遇都需要自己主动去争取，所以，我们不能要求他们像大人一样成熟。但作为一个孩子，他的感受是最直接的，他对我们的反应也是最直接的。我们要做的不是强硬灌输，而是要有技巧地引导孩子说出心声，这样才能帮他们养成好的习惯。

孩子虽小，也要留面子

曾读过一篇叫《视而不见的关爱》的文章，故事讲的是：

下雨天，一位年轻、漂亮的女教师走在去往学校的路上，下坡拐弯时，高跟鞋踩在路边的青苔上，摔倒了。一向乐于助人的刘教授面对此情景，不但自己没有上前搀扶，而且还劝阻了同行的另一个人。刘教授解释说："无论谁摔了跤，都不愿意让人看到，女老师没有喊人帮忙，说明她没有摔伤，所以，我们不能去扶'摔跤者'，有时，视而不见才是真正的关心。"

文章的作者分析后写道：我们经常会在"摔倒"的时候遇到不少好心人来帮忙，可他们的好心却使我们失去了掩盖难堪的机会，只能被动地接受关怀与探究。其实，无论是在路上"摔跤"，还是在生活、工作中"失败"，我们都不愿意把脆弱的一面、沮丧的一面"秀"在别人面前，让别人看到"最差"的自己。

由此，我们应该想到父母与孩子的沟通时，也需要给孩子留面子。因为小孩子也是经常"摔跤"的。例如：考试没有考好、实验失败、回答问题有误、作业没按时完成或有错、不慎损坏了物品、比赛失利、评选落榜等等。

中国有句古话：“当面教子，背后教妻。”意思是说妻子要面子，孩子的面子不用顾及，就是这样一句话，不知道毁了多少家庭的和睦，给多少家庭的父母和孩子之间增加了很大的隔阂。

保护孩子的自尊

每个孩子都有自尊心，尤其在外人面前，孩子的自尊心会更加强烈，当着外人的面批评孩子，会伤害孩子的自尊。如果孩子性格软弱，就会认为自己就是父母讲的那种不成器的人，也就失去了改正错误，努力进取的信心；如果孩子性格倔强，受到羞辱后就会产生强烈的对抗情绪：我就这样了，看你能拿我怎样？这两种结果都会导致亲子间的感情隔阂越来越深。

不当众揭短

金无足赤，人无完人。孩子有缺点和毛病，一定要及时进行纠正，但是父母千万不可当众给孩子揭短，这并不是说要掩盖孩子的过失，而是要求父母以更恰当的方法正确对待孩子的“短处”。要多赞扬，多鼓励，少批评，少责骂，尤其是当着外人的面赞扬孩子，这样做可以使孩子产生成功感和荣誉感，从而增强他学习和做事的信心。

相互信赖

俗话说：“知子莫若母。”父母应该是最了解孩子性格的人，也是应该对孩子最抱有信心的人。所以，父母要多了解孩子的生理和心理特征，完善教育孩子各方面的知识储备。批评孩子要注意分寸和场合，尽量避免把孩子的错误公布于众，也不要对孩子翻旧账，更不能动不动就训斥，恐吓孩子，要使孩子感到父母是可亲可敬、可以依赖的。要经常与孩子沟通，并与孩子一同分享胜利的喜悦，承受失败的痛苦。这样才能避免孩子产生逆反心理，并且乐于接受父母的批评教育。

区别对待孩子的缺点和不足

如果孩子是在能力上有所不足，如学习成绩不好，不会干家务等，父母可以与孩子亲切地交谈，帮他分析问题产生的原因，一起寻找改进的方法。谈话时，要克制自己的失望情绪，要以亲切，规劝的口吻来循循善诱。如果孩子的过失属于道德范畴的，如撒谎、偷东西、打架等，父母则要及时指出其行为的后果，必要时可给孩子适当的惩罚，但无论如何不能当众打骂孩子。

维护孩子的尊严

龙应台写给安德烈的一段话曾经在网络上疯转："孩子，我要求你读书用功，不是因为我要你跟别人比成绩，而是因为，我希望你将来会拥有选择的权利，选择有意义、有时间的工作，而不是被迫谋生。当你的工作在你心中有意义，你就有成就感，当你的工作给你时间，不剥夺你的生活，你就有尊严。成就感和尊严，给你快乐。"

父母想让孩子成长为一个有尊严的人，就要学会维护孩子的尊严。所以，父母们，给你的孩子留有足够的面子，孩子才会更有尊严。

孩子沮丧时最需要依靠

人生活在群体当中，不可能所有的事情都按照自己的预期发展，也不是每一件事都会得到自己想要的结果，我们总会遇到这样或者那样令人感到失望的事情。在孩子的成长过程中，也同样会遇到很多令他感到沮丧和无奈的事情。这些事可能是生活中的一些琐碎的小事，还有可能是影响孩子一生的大事。当孩子们遇到这些令他们感到沮丧的事情时，如果知道怎样处理自己的沮丧情绪，他们就能够依赖这些技巧快乐地完成童年到青少年及成年的过渡。

那么，父母应该做些什么来帮助孩子处理这种情绪呢？

对于孩子的沮丧情绪要感同身受

很多父母是孩子心目中最值得信赖的人，当孩子因为遇到挫折而感到万分沮丧的时候，其实最需要的就是父母的安慰。作为父母要了解孩子沮丧的原因是什么，帮助孩子分析为什么会有这样的结果，只有全面了解孩子的感受，让自己感同身受，才能对孩子做出适当的安慰，缓解孩子的沮丧情绪。

教孩子冷静的方法

父母的安慰只是缓解沮丧的一种方法，除了安慰以外，父母还要教给孩子处理沮丧情绪的方法，包括身体、听觉、视觉、创造力、自我冷静和幽默感等。例如：通过画画、玩游戏、运动等来分散注意力；通过一两次深呼吸可以让身体放松下来；握紧拳头，再松开，这个动作可以将身体中的一部分负面情绪释放出去；观察描述自己的身体及情绪变化，可以从头部开始；寻求拥抱，因为当人们在拥抱时身体会分泌一种激素，让人产生“爱”的感觉，能够使人愉快，如果孩子沮丧的时候，旁边有亲人，比如父母、兄弟姐妹，可以教会孩子向他们寻求拥抱。

帮助孩子找到擅长的事情

对于孩子来说，他们遇到的最普遍的一种沮丧就是会感觉到自己不如同龄人。也许你的儿子在学校的足球比赛中没有截断最后的那个球，或者是你的女儿没有收到合唱队的邀请。

有些孩子可能会因为失败而更加努力地练习，或者是尝试一种新的方法。成功并不一定意味着“赢”，也可以是寻找到另外一种解决方法。帮助孩子找到和他的兴趣爱好相匹配的事情，或者是想出另外一种让他有优势的方法，会让孩子体验到做事的愉悦。

为下一次做好准备

父母要尝试帮助孩子渡过沮丧的时刻，并总结出这次的经验，进而得出解决下一次孩子沮丧的方法。如果这样的方法对孩子校园生活中所产生的沮丧情绪不起作用，那么，可以鼓励孩子向老师寻求一些能够对他有一定帮助的建议。帮助孩子设定一些具体的，可以实现的目标，然后鼓励孩子努力去实现这个目标，当孩子有了成功的体验之后，沮丧情绪就比较容易消除了。

适当的安慰语言

父母不要在孩子面前吹嘘自己没有付出努力就能成功，而是应该讲述自己是多么努力工作，以及在工作中多么有耐心，才会取得现在的成绩。无论孩子是成功还是失败了，一定要记得，父母要关注的是他们付出的努力，而不应该是结果。

例如：你的孩子获得了市里演讲比赛第一名，全家都很高兴。这个时候，有些父母可能会这样夸孩子：“宝贝，你太棒了，你真是个天才，在演讲上你真有天赋。”对孩子的夸奖，最忌讳的就是这样夸孩子本身而不夸事情。取而代之的应该是：“孩子，我为你感到自豪，因为你付出了努力，所以才获得了这么好的成绩。你看，付出就一定会有回报。”如果这次演讲失利，你也不能打击孩子：“你没有演讲天赋，就不应该参加比赛。”而应该说：“我知道你很聪明，如果你再多努力一点练习，或者多向演讲好的同学学习，相信在下次演讲比赛中，你一定会取得好成绩的。”

如果父母希望孩子成为一个精神饱满、有理想、有责任心的人，父母就要给孩子提供一个和谐、轻松、愉快的家庭环境。孩子的情绪表现是如此牵动着父母的神经，那么成为孩子的依靠，形成良好的亲子沟通，才能使父母和孩子的关系保持融洽。

讲故事是非常好的引导方式

通过讲故事培养孩子的行为习惯，是一种非常自然、并且深受孩子喜欢的方式。但是在讲故事过程中，如何来引导孩子的行为和情绪是有技巧的，尽量给六岁以下的孩子讲绘本童话故事，这是一种深受小孩子喜欢的形式。

比如，如果想要引导孩子做事情注意力集中，可以选择给他讲《小猫钓鱼》的故事。故事讲完了之后，一定要跟宝宝一起探讨，小猫为什么没钓到鱼？小猫在钓鱼的时候做了什么事儿？妈妈钓到了很多鱼，她又是怎么做的？父母可以在这个探讨的过程中，引导孩子思考做事情要认真、注意力集中才能把事情做好。如果孩子做事喜欢敷衍了事，可以选择给孩子讲《三只小猪》的故事。讲完后要问他："那个猪哥哥的房子为什么塌了？猪弟弟的房子为什么也塌了？那谁盖的房子最好？为什么猪妹妹的房子狼破坏不了？"孩子明白了这些故事的意思，也就明白了无论做什么事都要认真对待的道理。

孩子晚上一个人睡觉的时候可能会爱哭，这时候他会说害怕，父母可以给他讲《小小男子汉》的故事，慢慢培养孩子的自信心。听过故事之后，父母不要用自己的主观意识去跟孩子说他做事要认真，不要害怕或者做事要注意力集中等，因为这种抽象的语言沟通，通常会被孩子直接拒绝在他的心门之外。

如果通过讲故事的方式进行比喻，尤其是童话故事，那么孩子通常会觉得："猪妹妹这样做了，那我也要这样做，我是小小男子汉。"在讲故事的过程中，孩子内心的力量就会慢慢地成长起来。

下面我来说说讲故事的技巧：

讲故事时不要例行公务，干巴巴地念故事，要形象生动，图文并茂，尽量让孩子有身临其境的感受，用不同的语气、语调来讲，也会有不同的效果。

讲故事时，用词必须是孩子所能理解的，尽量使用明白、准确、生动的语言，对于那些难懂的词或较长的名字，要换成孩子容易理解的词，使孩子一听就懂。

让孩子也参与到故事里来，鼓励孩子复述故事，启发孩子续编故事，引导孩子看图编故事，激发孩子由被动听变为主动参与讲，训练他们口头语言的表达能力。

最后借用弗兰西斯·培根《论求知》里的一个比喻：孩子的天性犹如野生的花草，而我们的工作就是修剪移栽。如果你的工作做得不细致，你能指望着花园里的花草会长得赏心悦目？

讲故事是一种非常好的儿童教育方式，它是一种快乐的儿童语言，也是父母与孩子之间的心灵交流。有时候父母把讲故事作为敷衍孩子的工具，其实不然，它是滋润孩子心灵的养分。对不同的孩子讲不同的故事，又有不同的作用，即便是同一个故事的不同讲法，对孩子的心理影响也是不同的。所以，请谨慎对待孩子的教育，即使讲故事也要认真对待。

最佳对话方式：让孩子说出心里话

让孩子心里不设防

每个孩子心里都有很多想法，他们同样渴望被人理解，渴望与他人分享，但是在不确定的情况下，孩子一般都会有防备心，不会随意讲出来。作为父母，了解孩子的需求是亲子交流中很重要的一环。那么，如何让孩子主动说出心里话呢？

多用引导的方式

当孩子做了错事之后，最需要的是父母的帮助与指导，不管是不是孩子的错，都不要过早地下结论，打击和批评有时候会适得其反。父母首先要做的是耐心地听孩子把发生的事情主动讲出来，听完了孩子的讲述之后，要引导孩子自己发现问题，寻找解决的办法。随着孩子的不断成熟，父母应逐步走到幕后，给孩子独立思考、解决问题的机会。

不能威吓孩子

很多孩子在犯了错误之后，经常会受到父母的责罚，在经历过多次责罚之后，就不敢再将类似的事情告诉父母。所以，当孩子不愿意开口的时候，千万别用体罚或威吓的手段来逼迫他们，孩子之所以不愿意和父母说，就是因为父母没有给孩子足够的信任，父母不正确的沟通技巧，导致了亲子沟通的失败。遇到特别执拗的孩子时，父母可以采取“有错不究”的态度，隔几天以后，在孩子的心理防线减低的时候再来问孩子，这样的效果会更好。

控制情绪

当得知孩子碰到一些不如意的事或做错了事的时候，父母要保持镇定，要控制自己的情绪，千万不能激动，冷静地与孩子一起分析原因，与孩子共同寻找解决问题的办法，会收到意想不到的沟通效果。

多给孩子肯定

当孩子取得成绩或者做了好事的时候，父母要及时给予孩子肯定，并且要让孩子明白得到赞扬的原因。当然，受到赞扬的，一定得是孩子引以为傲的事情，这样的赞美才最有效。所有的表扬与鼓励一定要发自内心，因为只有真实的情感流露才会让孩子感受到父母的真诚，否则，客套、谄媚的敷衍行径只会给孩子带来反感。

真正把孩子当成朋友

父母要常把自己对事物的感受说给孩子听，千万不要严肃地告诉孩子或者让孩子必须记住某某事情，否则，你的想法会很难得到孩子的认同。父母要把孩子当成朋友，而不是自己的附属品，要在具体的行动上让孩子感受到平等地对待。真正把孩子当成朋友，而不是在语言上要求孩子把父母当成朋友。

真正做到双向沟通

“宝贝，你过来，妈妈有话和你说。”你和孩子的对话一般都是这样开始的，可是结果往往并不如你期待的那样发展。很多时候，本应是亲子的双向沟通，却变成了父母一人的独角戏。

如果换一个时间，换一种方式，例如在接孩子回家的路上，或周末与孩子一起下棋、玩游戏时，孩子在这些时候往往没有防备心，会更愿意说出心里话。要想多了解孩子的生活，就要多参加一些和孩子一起参与的活动，多创造一些对他们没有压力的机会。当你真正需要问问题时，也要少用“为什么”，因为这个词往往会激发孩子潜藏在体内的逆反心理。

父母愿意听，孩子才肯说

每个父母都希望孩子能和自己无话不谈，希望自己能对孩子的一举一动了如指掌。孩子每天放学时跟你叽叽喳喳地讲学校里发生的事儿；晚饭时跟你诉说和好朋友发生的矛盾；一起游玩时跟你讲他与同学的趣事；情绪低落的时候，能主动和你诉说自己的烦恼……然而，真实的情况往往事与愿违。我们发现当孩子很小的时候，还很愿意和父母诉说，渐渐地，父母不问，孩子就不说，甚至你问，他也不说。那么，要想让孩子愿意和我们说，父母就要愿意听，做一个“会听话”的家长。

父母要愿意倾听并适当回应

父母“听话”的态度，决定了孩子表达欲望的强弱。父母在孩子面前，一定要摆出愿意倾听的姿态，例如：父母想了解孩子在学校的情况，想知道他的学习状态，与老师、同学的相处情况，了解孩子在学校过得开不开心……这时候，父母要带着关心的神情，不管孩子说的是不是你想知道的情况，都要让孩子感受到你听的诚意。不时用些“是吗”“哦”“对”等词语回应，那么孩子才有机会说出他心里的真正想法。

如果孩子很想跟你说话，却看到你盯着电视或者手机看个没完，连正眼都不瞧他一眼，更没有眼神的交流，孩子心里可能会觉得父母根本就不关心自己，或是不愿意听自己说话。长此以往，孩子也就不愿意多讲了，所以认真倾听的态度很重要。特别是孩子想跟你说话的时候，宁愿放下手里正在做的事情，也要认认真真听孩子讲完。

抓住孩子想要表达的重点

由于孩子年龄小，有时候可能无法完全准确地表达自己的意思，讲话往往会缺乏重点，说不出来自己究竟要讲什么主题。父母在这时候要用心去领会孩子想要表达的意思。同时，父母要注意到孩子有顾虑或有情绪的时候，常常会绕来绕去或是找不到恰当的形容词。例如：孩子说今天在学校里，他的文具盒被同桌摔到了地上，自己很生气想要打同桌，但是……在孩子还没有说完的时候，父母不要急着去否定和批评他的想法，而是要等他把事情讲完了，了解他的观点和感受，或许他要说的是：后来老师知道了，老师让同桌跟我道歉了，我也原谅他了等。

接纳并关心孩子的情绪

每个人在日常生活中都会遇到各种各样的问题，当孩子遇到事情的时候，也和大人一样，会有各种各样的情绪产生。当孩子在和父母倾诉时，生气、害怕、伤心、失望等感受都是他当时最直接的反应，这时父母切忌对孩子进行批评和打断。

父母应该接纳孩子在生气的时候会大声说话，害怕的时候会躲避，失望的时候会叹气……要让孩子把情绪完整地表达出来。如果压抑孩子的情绪，如果只是告诉孩子："不可以发脾气""不要当胆小鬼""这样会让人瞧不起"等，这些压抑孩子情绪的斥责，会让孩子的自然情绪发生混淆。

鼓励孩子正常表达情绪

鼓励孩子正常地表达他的情绪感受，孩子自然会慢慢学会与情绪"和平相处"。例如："我知道你对这件事情感到很生气！""原来是这么回事，难怪你会这么伤心！"当父母对孩子的情绪表示理解和关怀时，会让孩子觉得温暖，孩子遇到困难也会更加愿意和父母商量。

如果父母都能够做到以上几点，认认真真听孩子说话，表达对孩子情绪感受的理解，孩子在和我们沟通时就会像是在照一面镜子，能在我们面前真实地表露出他的情绪、感受和想法，而不必担心会受到批评责备，孩子对待父母也不需要伪装和欺瞒，在和父母倾诉之后，自己就会努力找到自己的目标，调整自己的行为。

学会做一个愿意听孩子讲话的父母。你的孩子未必会"很听话"，但一定是一个愿意跟你说话的孩子。倾听孩子讲话，是一个和孩子共同成长的过程，可以让孩子健康快乐地成长。

你和孩子的对话模式

对话交流是了解孩子，帮助孩子解决成长问题的最有效方式。父母与孩子的对话方式，直接影响到孩子与父母的相处模式，所以，父母一定要注重自己与孩子的对话，采取恰当的方式，父母会发现与孩子交流是一件快乐的事。

解决问题模式

如果你发现自己无法忍受孩子的行为，马上要跟孩子发生争执，并且又要开始对孩子大喊大叫的时候，不妨看看下面案例中的对话，在遇到管教问题时，你是否遇到过这样的问题。

爸爸：你怎么又在墙上乱写乱画？告诉你多少遍了，一点也不长记性。

孩子：我看到别人家墙上画的很好看，没想到自己没画好。

爸爸：以后不准再这样了！要是再发现你还往墙上乱画，我就没收你的彩笔，再也别用了。

案例中，爸爸与孩子的对话，似乎并不少见，当孩子没有听你的话，犯了错误，你肯定会感到生气。这位爸爸说话语气严厉，命令式的口吻不论谁听都会感觉不舒服，虽说行为本身是完全可以理解的，但是，这样说不但很难解决问题，还有可能会使孩子产生逆反心理。

接下来，我们看一下父母带着解决问题的思维进行的对话：

爸爸：当我看到你把墙画得乱七八糟的时候，你觉得我会是什么感觉？

孩子：肯定很生气。

爸爸：你觉得你该怎么做才能让我不生气呢？

孩子：我尽量把墙擦干净，以后再也不乱涂乱画了。

在这段对话中，爸爸通过引导，帮助孩子看待自身的问题，同时让孩子站在父母的角度思考，用解决问题的方式与孩子对话，达到了解决问题的目的。

下达命令模式

当父母看到孩子没有按自己的要求去做，或者没有自己想象中听话时，就会控制不住自己的情绪，很多父母采取强硬的方式与孩子进行对话。

例如：妈妈刚把饭菜端上桌子，小风看也不看一眼，就说："这菜也太难吃了，我不吃！"看着自己为了让孩子营养均衡，费尽心思辛辛苦苦地为孩子做好的菜，小风一口都不吃，妈妈感到既委屈又愤怒。于是就严厉地说："你还没尝一口，怎么就知道菜不好吃，今天必须要把这些菜都给我吃下去！"结果惹得小风大哭一场，连饭也不吃了。

其实，在紧急情况或在孩子无理取闹的情况下，使用命令模式的对话，确实能迅速制止孩子危险行为或不良行为的发生。但是有些时候，父母的命令受当时语言环境、情绪、说话的表情等各种因素影响，并不一定能达到预期效果，具体情况还要根据孩子的年龄、个性等进行区别对待，否则只能事与愿违。

非干预型模式

我们还以小风不吃菜的案例进行分析。其实，小风现在面临的已经不再是这菜到底好不好吃的问题了，而是由于小风之前没有得到过父母的共鸣，于是在吃菜的问题上他拒绝与父母进行感受交流。

面对这样的孩子，父母不如尝试下面的对话方式。“这菜真的不好吃吗？让我尝一尝。”然后告诉孩子自己吃这道菜的感受，再问问小风吃菜时的真实感受。这样，妈妈就可以慢慢地发现小风喜欢的口味，并以此来打开小风不吃菜的缺口了。这种不给孩子任何压力的对话方式，比较有利于孩子大胆地提出自己的问题，并自由地表达自己的想法，使孩子和父母之间建立一种开放的、动态的交流方式。

不管选用何种对话方式，其目的都是为了和孩子更好地沟通，促进孩子的健康成长，因此，父母要根据孩子的具体情况，选取恰当的对话方式与孩子进行交流。

学会赞美：好孩子是夸出来的

人人都爱听赞美之言，孩子在成长过程中也需要赞美。而如何赞美孩子，赞美孩子的话要怎么说，是很多父母非常苦恼的问题。其实，如何赞美孩子是大有学问的，必须进行全面的认识和学习。

数子十过，不如赞子一长

许多父母对孩子期望很高，却又很吝啬赞美自己的孩子。他们常常摆出一副长者的面孔责备孩子，以为这样才是教育，却忽视了赞美所带来的奇妙的教育效果。

能激发孩子正确的外在动机

适当的赞美，能让孩子产生好的行为，并能强化他们所完成的这一行为，以后当他碰到类似事情时，便知道该怎么去做，并逐步形成良好的行为习惯和心理定式。

能给孩子自信心

成人对儿童小小的成功表示赞美，可以强化儿童获得成功的情绪体验，满足其成就欲，并能使孩子自我感觉良好，激发他继续尝试的兴趣和探索的热情，努力维持这种赞美或希望再度获此“殊荣”。

能增强孩子对父母的信任感

经常奚落或责备孩子的父母很难赢得孩子的信任。父母对孩子的言行做出正确的评价，并经常予以赞美，家庭里会产生一种和谐的气氛，有助于父母与孩子之间建立积极的关系，使彼此之间更接近，并产生信任感，孩子的积极性也会提高。因此，在某种程度上，父母的赞美能让孩子觉得生活中的重要人物对他的尊重与爱护。

适当的赞美能产生多方面的教育效果

适当的赞美，有利于培养儿童良好的行为习惯和道德品质。儿童道德品质形成的最初阶段，是非观念模糊、自制力差，因此，成人的引导、奖励与赞美至关重要。

但是，赞美孩子也需要很多技巧。下面说说赞美孩子要注意的事项：

坚持原则

由于溺爱，有些父母无原则地对孩子的种种行为加以赞美，造成孩子是非不清，养成骄横跋扈的坏习惯。孩子按父母的要求去做了，并做得很好，就应该及时赞美，做了不对的事情，即使孩子哭闹，要赖皮也千万不能迁就他。否则，赞美就会失去原有的积极意义。

及时赞美

父母在孩子做完某件事或正在进行某件事的时候，就应该给予适当的赞美和鼓励。如果一时忘记了，应该设法补上去。例如：孩子在老师的说服下，吃饭时终于肯吃蔬菜了，父母应立即予以赞美。

就事论事

在赞美孩子时，不要直接赞美孩子整个人，而应该赞美孩子的具体行为，这样才会让孩子形成正确的认知；不要夸大其词，因为这样会让孩子沾沾自喜，自以为了不起。例如：孩子对七巧板十分感兴趣，常常拼出一些新颖的图案，“这孩子真厉害！”这种赞美就显然不恰当，而应当就事论事，可以这样说：“这个图案拼得真不错，说明你很爱动脑筋。”否则，言过其实的赞美会给孩子播下虚荣的种子。

当众赞美

孩子应当得到赞美时，要当着别人的面前得到。孩子的成绩当众传播了，这就是双重的奖励。例如：家里有客人到访的时候，妈妈因为孩子良好的表现当众夸他说：“孩子很懂礼貌。”孩子在当众接受了这种赞美后，总是十分小心地维持这种赞美，并且养成懂礼貌的好习惯，每次将客人送到门外，都会说：“再见，请以后再来玩。”久而久之，孩子会形成并保持这种良好的行为习惯。

掌握分寸

孩子经过努力做出了成绩，或者他做完了自己应做的事情，都应该得到赞美。但在日常生活中，父母应注意不要重复赞美某件事情，当孩子养成良好的习惯后，就可以适当减少对孩子这一方面的赞美，否则就会出现“赞美疲劳”，赞美就不会再起任何作用。赞美孩子并给以适当的奖励，亲吻或是拥抱，都会给孩子以奇妙的力量。

我们小的时候，大部分父母都不懂得赞美孩子，“慈母多败儿”是当时教育的主流认知，所以欠缺夸奖和鼓励的我们，往往胆小或缺乏自信。可是当西风东渐，亲子教育专家终于让父母了解了夸奖的重要性之后，形势似乎又有些“过犹不及”，弄得现在有的孩子自我感觉良好得没法面对失败和处理挫折。现代的父母又落入了另一个“过度赞美”或“不当赞美”的误区，把爱的教育误当成毫无分寸的赞美，所以才让孩子在泛滥的赞美下，失去了抵抗不完美的能力。

分数不是表扬孩子的唯一理由

分数至上的理念在很多父母的心里早已根深蒂固，把分数的高低作为评定孩子好与坏的标准。正是由于这种过于注重结果而忽视过程的理念影响，分数成了父母和孩子心里的魔咒。

听过这样两个事例：

青青读小学四年级，期末考试之后，她兴高采烈地拿着得了满分的试卷跑回家。爸爸说：“你真棒，给你200元奖励，自己随便花!”青青拿了钱，立即邀请同学看电影、买东西。

五年级的鑫鑫也考了100分，妈妈说：“太棒了!爸爸妈妈就是喜欢满分，下次争取再考满分!”

两个在小学阶段成绩一直很好的孩子，长期生活在这样的氛围里。但几年之后，两个孩子并没有如父母预期的那样一直保持满分。青青因为初中之后连续几次考试都没考好，物质奖励没有了，那份来自物质刺激的动力也越来越薄弱，最后连重点高中都没有考上。鑫鑫虽然上了本地的重点高中，但是由于压力日渐增大，一到考试，就担心自己考不好，精神上一直得不到放松，如果压力再增加，随时都有崩溃的危险。

不难发现，用物质来奖励孩子，孩子会认为考好了就能和父母交换一些东西，一旦没了奖励，就失去了学习动力，很难再培养出自主学习的责任感。而鑫鑫妈妈的赞赏则容易带来压力，孩子会认为如果成绩不理想，爸妈就不开心，促使其产生完美主义思想，不能承受失败。其实，两位父母都太过注重结果，忽视了孩子的努力过程，考试不是问题，对成绩的态度才是决定孩子的成长方向。

引导孩子正确看待成绩，父母要注重三点：

第一，认同孩子的情绪，高兴或痛苦都和孩子一起体验，不要无视孩子的感受。

第二，帮助孩子寻找成绩高低的因素，考好了，哪些好习惯要坚持和发扬；考坏了，问题又出在哪里，让孩子明确问题，勇敢面对并解决。

第三，一定要告诉孩子无论考试成绩怎样，父母都很爱他，一定会想出办法和孩子一起克服困难。

无论孩子的成绩怎样，父母都要用正确的方法，站在孩子的角度考虑，自己能正确看待孩子成绩的同时也要引导孩子正确看待，因为分数并不能成为表扬孩子的唯一理由，孩子在行为或是思想品质上的每一分成长，每一次进步，同样值得肯定，希望每个孩子都能在被肯定的努力过程中快乐成长。

夸努力比夸聪明更好

“好孩子是夸出来的！”这句话我们常常听到，但是要怎么夸孩子，才更有利于孩子的成长，却是我们需要研究的课题。合理而有效的夸奖应该是对孩子付出的努力和取得的进步给予的肯定，而不应该是单纯表扬结果。

要肯定孩子的努力行径

如果孩子考试取得了好成绩，就夸奖孩子：“你真聪明！”是不合适的，而是应该夸孩子用功、考前做了充分准备……因为一个人聪明与否是天生的，是孩子自己无法改变的，而努力认真却是孩子可以通过自律做到的，表扬强化了他认真准备的行为，使他下一次会更加努力。

过多强调孩子的聪明，孩子也会自我肯定，甚至骄傲，会形成一种聪明人不需要再去努力的思维，甚至以卖弄聪明的方式来讨大人的喜欢，久而久之，孩子会变得自大而浮躁。当遇到不如自己聪明的人时，他会鄙视；当遇到比自己更聪明的人时，又会产生自卑感。如果大人将重点放在奖赏孩子认真努力的行为上，他会意识到好成绩是由踏踏实实的准备而得来的。

从品行上予以肯定

漂亮可爱的孩子总会得到更多的赞美。但是，如果夸孩子漂亮就不如说“你笑得真甜，你很有礼貌”。因为外表不是孩子自己能决定的，大人过多的在意外表，会让孩子以为天生的漂亮是值得骄傲的资本，进而看不起长相平平的孩子，会使孩子在观念上产生混淆，对孩子的成长不利。而微笑有礼貌却都是通过努力能做到的，因此而得到的外界的表扬，强化了孩子的礼貌行为，这样孩子就会成长为一个总是面带笑容而又有礼貌的孩子。

提出肯定的预期目标

一个孩子数学不及格，父母要鼓励他下一次考及格，如果他真的及格了，父母要和孩子讨论的是成绩为什么提高了，从中找到他努力学习的痕迹进行表扬。对孩子付出的努力进行赞赏，不能单单去强调“及格了”这个结果。

父母应该注意的是，给孩子设立的目标不能超出孩子的能力之外。每个孩子的能力都不尽相同，表扬能够让孩子对这件事更有热情，更加努力。但是，如果设定的目标超过了他的能力所及，孩子无论怎么努力都难以达到，可能会使孩子陷入沮丧和自我贬低之中，甚至破罐子破摔。那时，无论是表扬，还是批评，都不会管用了。因为他发现自己的努力，全是无用功。

夸奖、赞赏最适合用在培养孩子好的习惯、好的性格特点上。父母要在学业和专长上，看到孩子的长项在哪里，因势利导，鼓励孩子在他擅长的方面做到最好。

物质奖励不是灵丹妙药

我们常常听到孩子这样说：我这次考试要考第一，我爸带我去迪士尼乐园去玩；我这次考试要考100分，我妈就送我一个iPad；我考第一，我爸就领我去香港玩……不少父母喜欢采取物质奖励的办法，许诺孩子如果考试得了高分，或者弹钢琴考过了级，便给孩子买贵重的物品或者带孩子去旅游等等，可结果却往往不能令人满意。

心理学上有一个实验，很好地说明了这个问题。

心理学家挑选了一些喜欢绘画的孩子，将他们分为A、B两组。老师对A组的孩子们许诺，“只要画得好，就给你们奖品”，而对B组的孩子们只是告诉他们“我想看看你们自己创作的画”。两个组的孩子们都按时完成了画作，但是心理学家通过暗中观察，可以看到A组的孩子们大多都是被动地画着什么，他们绘画的兴趣明显地被降低了。而B组的孩子们却都是兴致勃勃地在创作。最后检验画作，B组孩子的画作充满了创意，平均水平明显高于A组。

这个实验，在不同的国家、不同年龄组的孩子间都进行过，得到的结论完全一样。

按常理推断，对孩子们的绘画成绩给予奖励，会提高他们的绘画兴趣和水平，然而事实却正好相反。心理学家解释说：奖品虽然可以强化某个行为，但它会使人的兴趣集中在奖品上，而对被奖励的行为本身失去了兴趣。

画画属于短暂的一次性活动，物质奖励尚不能起到积极作用，对于需要孩子长期努力才能见效的行为，比如学习，物质奖励就更不适宜了。

如果父母告诉孩子期末考试考进班级前十名就给孩子买部手机，那么孩子可能暂时会为了奖品努力一下，冲刺一下，但是这种奖励刺激会使孩子渐渐丧失了对学习本身的兴趣，属于釜底抽薪的行为。想让孩子真正在学业上有所长进，就得培养孩子的自主学习的精神，让他们对探索未知世界、解决难题本身有兴趣才行。

最后要说的是，父母表扬孩子的态度和语气有时候比说的话更重要。夸奖孩子时一定要真诚，要发自内心，实事求是，不能明夸暗讽、言不由衷和夸大其词。孩子非常敏感，父母一次的虚伪也许就会让孩子不再信任你的任何言辞。

有时，一个爱的眼神，一个紧紧的拥抱，胜过千言万语。

批评的艺术：批评更要讲诀窍

来自母亲的“精彩极了”与来自父亲的“糟糕透了”应该伴随着孩子成长的全部过程。如果孩子的生活里只有表扬，会让孩子养成骄傲自满的情绪；如果孩子的成长里只有批评，也会让孩子产生严重的自卑心理。只有表扬与批评并在，才能促进孩子健康成长。当然，批评和表扬一样，也是一门艺术。

以轻松的方式让孩子知错

虽然中国有句古话：“良药苦口利于病，忠言逆耳利于行。”但是人们还是喜欢听到表扬，不愿意听到批评。法国心理学家通过一项专题研究证实：从来没受过批评，在一片赞扬声中长大的孩子，很容易变成“小霸王”，这对孩子的心理发展非常不利。让孩子在幼儿时代就学会接受批评，对塑造孩子的健全人格具有积极的意义。

那么，如何用一种轻松的方式让孩子知错而接受批评呢？

以表扬为主

教育要以表扬为主，但同时还要有意识地让孩子听到批评。我们不妨在孩子牙牙学语或学步时，表扬之后，以温和的语气指出孩子的“美中不足”之处，这样做会帮助孩子意识到批评和表扬是同样常见的，培养他正确面对批评的心态。

父母在批评孩子时，要注意不能损伤他的自尊心。当孩子做错事时，他自己也可能处于悔恨之中，不知所措，此时父母批评孩子，应先对孩子做得好的方面给予肯定，然后再指出做得不对的地方，要让孩子知道父母不是光把眼睛盯住他的错处。

批评时让孩子感受到你的关心

在批评孩子时，可以搂着他的肩膀，或拉着他的手说话。批评过程中，眼睛正视孩子，身体有部分接触，这可以起到恩威并用的效果。批评过后要对孩子态度如常，不要一直板着脸说话或不理睬孩子。如果本来打算和孩子出去玩，也不能因为孩子今天做错了事而取消计划，要让孩子知道，做错了事就应该受到批评，但父母不会因为他做错事就不爱他。在批评孩子时，应要求孩子认真倾听，只有认真倾听，孩子才会明白父母的意思，弄清楚自己的过错，最后才能真正接受批评。

谈心般地指出孩子的错误

很多父母在看到或者听到孩子犯了错误的第一反应就是暴跳如雷，见到孩子便声色俱厉地批评一顿，如临大敌。孩子在这种情况下很容易受到伤害，所以，父母不如换一副表情，用凝重、严肃的表情来表示我们对待孩子犯错误的态度，让孩子明白自己犯错的严重性即可，但是语调大可不必提高八度。相反，父母可以比平常的声音更低沉一些，缓慢地如谈心般地指出孩子的错误，并注意一直看着孩子的眼睛，让孩子体会到尽管自己犯了很严重的错误，父母也依然是爱着他的。

与孩子分析犯错原因

批评孩子一定要客观，实事求是，就事论事。告诉孩子他犯了什么样的错误，帮助他分析犯错误的原因，以及所犯的错误会带来什么样的后果，父母的感受如何等，千万不要夸大孩子的错误。当孩子认清自己犯的错误会带来怎样严重的后果时，大多数孩子是能主动承认错误，并承诺以后不再犯的。所以，要让孩子明白自己错在哪里，孩子才能主动接受。

鼓励式批评

孩子犯错之后，不妨适当地运用将批评夹在夸奖和鼓励之中的办法，来达到批评教育的效果。

例如：孩子放学回家没完成作业，就开始玩他最爱的玩具——变形汽车。玩得入神，父母走到他面前，他也浑然不觉，当他发现父母后，可能会意识到自己犯了错，会乖乖低着头站好，并用眼睛偷偷地瞄父母，等着你的“狂风暴雨”。如果这个时候，父母开始对他贪玩的行为大肆批评，孩子可能根本不再去关注行为本身的错误，而是会被父母的暴怒吓到，或者继续沉默，或者同样用暴怒的方式对你进行反抗。这样的批评，没有收到任何教育效果。

如果这个时候，父母不仅没有生气，还蹲下身子笑眯眯地摸摸他的头，帮他扣好散开的衣衫，再微笑着说：“变形汽车告诉过我，它最喜欢完成作业的孩子了！”这种貌似鼓励实为批评的方法与单纯的责备相比，其效果要好得多。这种方式的特点就是把鼓励和鞭策与批评相结合，在鼓励中包含着信任和期望，使其明确自己的不足而又不灰心丧气。

批评的方式还有很多，如关怀式、提醒式、参照式、说服式等。中国青少年研究工作中心副主任孙方晓认为：没有批评的教育是一种不完整的教育，是一种脆弱的不负责任的教育。为了孩子的健康成长，我们在批评孩子的时候，一定要选取孩子乐于接受的方式，并灵活运用，给孩子良性刺激，使孩子乐于接受，并改正缺点。

贬低是一种深深的伤害

很多时候，父母肆无忌惮地批评孩子的时候，总会伴随着一些对孩子的挖苦或者贬低，像“白痴”“傻子”等带有严重嘲讽意思的词语也会跟着脱口而出。其实，这种对孩子的贬低，是一种深深的伤害。

一个六年级的女孩在自己的博客中这样写道：“我真的有妈妈说得那样差吗？父母为什么总喜欢拿自己的孩子跟别人的孩子相比呢？”文章大概内容是说妈妈带她去朋友家，一进门妈妈就问阿姨家的小孩考试成绩怎样，妈妈一听阿姨家的孩子考得那么好，就说自己家孩子考得很差，还说了很多贬低自己的话。孩子说她不理解大人为什么总喜欢拿自己的孩子和别人比，甚至她也怀疑自己是不是真如妈妈说得那么差。从文章中可以看出，这位女孩妈妈严重伤害了孩子的自尊心。

没有比较就没有伤害。根据调查显示，父母拿别人家孩子进行比较，是孩子最讨厌的教育方式之一。试想一下，当自己的短处遭遇别人的长处，谁还能自信满满？我们的父母又为什么要常常将孩子贬到卑微的地位上呢？父母时常挂在嘴边的“看人家某某，从不让爸妈操心！”这类话最具打击力和摧毁力，是毁掉孩子自信的王牌语录，这样话语只会让孩子觉得自己什么都不行，没人赏识他。学习不行、长相不行、交际不行、干家务不行，马虎、粗心，让家人为他受累……总之，他没有行的地方。

低龄的孩子被贬低的时候，无论父母是开玩笑地说“你个小调皮”或者“你个小笨蛋”，还是恨铁不成钢或者一时气急骂出来的话，孩子都会信以为真。对很小的孩子而言，父母的话一定都是对的，因为他们觉得父母无所不知，无所不能。

一个从心底里坚信自己价值的人，对别人的贬低是不会过度敏感、反应强烈的，因为“我知道我是好的，你的贬低是因为你无知或嫉妒”。而心里对自己的判断不确定或者对自己的优点也是半信半疑的，就会特别容不得别人贬低式的判断。究其原因，是父母怎么认为的孩子，父母做了判断的孩子，会让孩子也同样地这么认为自己，内心深处接受了父母的判断。无论孩子是表现出了深深的自卑，还是用自大狂妄的言行来掩饰自卑，都会让他一直生活在自我价值低的阴影里，性情很难得到舒展。

故意轻视、贬低孩子的能力，也是“精神惩罚”的一种表现。有的父母为防止孩子产生骄傲情绪，经常贬低孩子的进步，盲目地拿别的孩子的长处和自己孩子的短处相比，责骂训斥，讽刺挖苦，使孩子看不到自己的长处，从小就萌生自卑意识。而一个自尊心从小就受过挫折的人，长大后可能会出现很多心理行为的障碍，诸如自我否定、缺乏爱心、焦虑等心理疾病，难以适应社会，甚至会走上犯罪道路。

父母在面对孩子的错误时，要注意以下以点：

对孩子的幼稚和错误要具体分析，不能用成人或神童的尺子去衡量孩子。

孩子表现幼稚或犯错误时，父母应分时间和场合指出其幼稚或错误之处，而不是贬低孩子的人格。

容易出口贬低孩子的父母，不仅言行上要注意调整，更要关注自己的心态，反思自己，自我成长。

别动不动就给孩子贴标签

很多父母觉得自己很了解孩子，总是想着给孩子进行总结和概括，或者干脆就说这是一个好孩子，这是一个坏孩子，这种随意给孩子贴标签的做法是不妥的。

一个人的成长，尤其是在儿童时期，不但受制于先天的遗传因素，更脱离不开后天环境的复杂影响。在各种影响因素中，社会评价和心理暗示的作用非常大。

近几年，有关教育机构对幼儿园的孩子进行了跟踪观察和抽样调查，发现在做游戏的时候，有的孩子十分怯懦，即使别的小朋友邀请他，他也不敢动；有的孩子比较遵守规则；有的则特别顽皮霸道，有时正玩得好好的，却突然对小朋友动拳脚……不少孩子都有一些古怪偏执的行为表现。

通过观察和访问父母，调查员逐渐弄清了原因：原来，有些父母经常当着孩子和外人的面，或夸赞他们如何老实听话，或数落他们不爱吃这个、不愿吃那个，或无奈地感叹“这孩子越来越顽皮，真拿他没办法！”等等。讲得多了，孩子的性格和行为变得跟父母的评价越来越像，这其中起作用的，就是“标签效应”。

洋洋从小活泼好动，是个非常惹人喜欢的女孩。爷爷重男轻女观念作祟，所以在她出生之后，给孩子买的都是车、枪等男孩子喜欢的玩具，甚至在和别人谈论起孩子的时候，也一直说我家孩子跟男孩儿似的。于是，洋洋从小到大从来不穿裙子，衣服也从来都不带鲜艳的颜色，清一色的休闲穿着。我们不能说这样有什么不好，但是孩子形成这样的性格，不能不说是孩子过早地被贴上了“男孩儿”标签的结果。

其实，给孩子的“标签”，也是父母通过各自的认知，用各自的标准，做出比较，得出的结论，并用之来评价孩子。这些评价其实很多时候都是依据父母自己的主观判断做出来的，准确与否尚且存在争议，无形中也给孩子增加了很多压力。

先拿我们平时觉得比较好的“标签”来举例，比如“乖”和“懂事”。父母以为这是在表扬孩子，其实是在给孩子设框架，限制孩子。经常在这样的标签下生活的孩子，容易变得越来越没有自我，越来越讨好别人。这样的孩子心里建立起来的都是他尊，而没有自尊。也就是说，这样的孩子比较容易受到别人的影响从而忽视自己来自内心的力量。

当然，盲目而脱离实际的表扬，也是一种不恰当的“贴标签”行为，会导致孩子对表扬失去信任感，对自己也容易失去信心，甚至迷失。因此，父母在进行表扬教育时，要恰如其分地掌握好火候，才能帮助孩子更好地发展。

相反，如果我们总是给孩子贴上不好的标签，甚至直接认定他是“坏孩子”，那么，孩子的自尊心就会很容易受到创伤，可能会变得越来越没有自信，长此以往甚至会自暴自弃。

所以，父母真的没有必要给孩子贴上标签，每个人好与不好的评判标准都不一样。父母更应该关注的是如何帮助孩子建立归属感和价值观，而不是这个孩子是不是很乖，是不是很听话。

在成人世界中，贴标签也并不是一种愉快的体验。我们每个人在现实生活中，难免会把自己或身边的人定义在一个狭小的框子里，也许，有时你的确觉得这很方便，客户A小气，同事B多舌，你可以因此对他们区别对待。但其实，这样的“标签”等于将对方限定在一个个小框子里面，抹杀了你了解对方，与之交往的种种可能性。换位思考一下，如果你自己的潜能还没有被别人充分发现的时候，被不了解你的人贴上了标签，给你定义为一个不准确的形象，你是否也会感觉不满、委屈和沮丧？

在孩子的成长过程中，父母应该少评价，多用心体会孩子行为背后的意义，只有这样，才能更好地和孩子沟通交流并去引导孩子。

拒绝的窍门：拒绝方式多，孩子不出格

孩子的一些不良行为没有得到及时制止或者纠正，很有可能形成多种不良习惯。因此，适当地约束孩子，学会对孩子说不，对孩子的健康成长会大有裨益。科学地拒绝孩子不仅能够保护孩子的自尊心，也可以避免让孩子对父母产生怨恨，进而会提升父母在孩子心中的威信，同时也使孩子懂得生活和做人的道理。

学会适时地说“不”

很多孩子跟父母出去玩时，都有要东西的习惯，看见自己喜欢的就忍不住让父母买，特别是很多男孩子，面对喜欢的玩具和电子产品，几乎控制不住自己的欲望，提出没完没了的要求。而父母既害怕一味地拒绝伤害孩子的自尊心，也担心满足太多造成溺爱。

案例一：

孩子："妈妈，我想再看一会儿电视。"

妈妈："不行，得去吃饭了！"

孩子："不让我看电视，我就不去吃饭！"

妈妈："那好吧，就看一会儿啊，看完之后快去吃饭。"

于是，孩子看电视的欲望得到了满足。

案例二：

孩子："妈妈，我想要这个玩具。"

妈妈："家里已经有很多了，不买了！"

孩子："不，这个跟家里的不一样，我就想要这个。"

当妈妈坚持说不买的时候，孩子"哇"的一声，放声大哭。

妈妈："好了好了，别哭了，给你买，行了吧！"

无奈的妈妈又一次被孩子的哭声征服。

孩子常常拿哭闹和生气作为向父母威胁的武器，面对孩子的无理要求，很多父母会选择性地忍让和满足，殊不知，这正是将孩子慢慢推向任性和自私自利的边缘。无条件地满足孩子的要求，也正是在被孩子的眼泪所控制的标志。

所以，满足和拒绝之间必须有度，切不可溺爱孩子，滋生他们的任性，同时也要平衡好保护他们自尊心的那杆秤。

父母要学会科学地拒绝孩子的无理要求：

孩子的成长不能没有约束

孩子的成长，要有适当的规矩约束，就像随意疯长的树木，没有经过修剪，很难长成参天大树。父母为孩子订立的规矩，首先应符合孩子的年龄和性格特征。其次，为了让孩子能自觉遵守，父母要与孩子一起讨论商定，这既是尊重孩子的体现，也能使孩子更好地了解父母的想法，孩子做起来就更主动，也更符合父母的要求。此外，制定的规矩应尽可能具体，如玩具要轻拿轻放，不乱扔，玩后要自己收拾整理好，并放回原处。

引导孩子做有意义的事

当孩子出现一些不好的行为时，父母除了给孩子语言的告诫外，还要引导孩子去做一些有意义的事情，慢慢改进，用有意义的行为取而代之。例如：当孩子沉迷于电视的时候，不能简单地用关电视或者埋怨孩子的方式来解决。如果用玩具，或出去玩等来吸引孩子，效果可能要好得多。也可以给孩子安排一些家务劳动，如：洗洗碗、整理房间、给花浇水等，令孩子对家庭的责任感渐渐增强，视野就不会仅仅局限在某一不好的行为上。

对孩子的哭闹行为不能妥协

很多父母由于对孩子的溺爱，看到孩子哭闹就心疼不已，只要孩子一哭闹就会无条件地满足他的要求。就同上文案例中的妈妈一样，只要孩子号啕大哭，妈妈立刻妥协，一场闹剧虽然在孩子的欲望得到了满足的结果中停止了，但是，孩子在眼泪中也明白了一个道理：哭闹是管用的。

不要愤怒地说“不”

对于孩子不良的行为习惯，父母也许会很生气，甚至愤怒，但是绝对不能把愤怒表现在脸上、语言上以及行动上。父母如果真的被孩子的行为激怒，也许会正中孩子的下怀。有时孩子会故意做出某些恼人的行为，目的就是要惹恼父母，以求得心理上的坦然。因此，父母要冷静地对待孩子的某些言行，当孩子无理取闹时，父母要用平静的口气表达你自己的心情以及对孩子的要求。这样，孩子会从你的语言和态度中了解到，父母的态度是诚恳而坚定的，任何无理取闹都是没有用的。

让孩子明白拒绝的理由

当孩子提出一些不合理的要求，或者出现一些不良行为时，父母要拒绝孩子，并把拒绝的真正理由告诉孩子。有些父母喜欢编一些谎言来骗孩子，例如：孩子想买玩具时，父母往往会说："太贵了，买不起。"而实际情况并非如此，一旦孩子知道了真相后，父母的话不但不会起作用，还会给孩子带来不好的影响。建议父母不妨直接告诉孩子：玩具多了，玩起来是没有价值的，也不值得买，我们不能乱花钱。这样会帮助孩子树立正确的消费观念，并成为一个能理智消费的人。

将拒绝坚持到底

对父母来说，面对孩子最难的往往就是将态度坚持到底。父母可以给孩子一些警告，也可以对他的哭闹置之不理，还可以让孩子在某个地方冷静十分钟……至于具体采取什么样的措施来对待孩子，要根据孩子的性格特点选择。对于性格比较活泼的孩子，可以强制性地把他带到一个比较安静的环境，让他冷静一会；如果孩子的好奇心比较强，就可以想办法把孩子的注意力吸引到新鲜的事物上去；如果孩子的好胜心比较强，就可以用激将的方法。总之，不管采取哪种方法，根本的原则就是一定要将态度坚持到底。

冷处理，让孩子恢复理智

当孩子因要求得不到满足而大哭大闹时，父母不必忙于抚慰或者妥协，可以先暂时离开，当孩子感到自己的哭闹不起作用的时候，自然会停止哭闹。这种方式叫冷处理。有时候用这种方式应对孩子的无理行为，会有意想不到的效果。

让孩子明白想要还是需要的区别

当孩子的认知还没有成熟的时候，他们的虚荣心很强。由于好奇和攀比的心理作祟，他往往会向父母要求很多。这时，父母一定要分析孩子是“想要”还是“需要”，并给他讲明这个道理，这样才能既不伤害孩子的自尊，又能削除孩子的虚荣心理，同时，还能帮助孩子有效地抵抗诱惑。

案例：

男孩：“妈妈，你给我买个新书包吧！”

妈妈：“不是刚买了书包吗，怎么又要买？”

男孩：“我的书包不好，现在有一款新书包，能起到保健的功能，我们班有好几个同学有呢，一个书包有多种功能，多好呀，你就给我买一个吧！”

面对男孩的要求，这位妈妈不予理睬，继续忙自己的家务。看妈妈不搭理自己，小家伙一会儿就把要买新书包的事情忘记了。

面对孩子的过分要求，父母千万不可轻易满足，否则只会助长孩子的虚荣心理，降低孩子对诱惑的抵抗力。

当孩子提出某些要求时，父母可以先了解孩子想购买该物品的动机，如果孩子只是想显示自己或与其他同学攀比，这时，父母可以对孩子的要求采取冷处理。即对他的要求不做任何回答，给孩子一段冷静期，等他确定这个物品是否真的需要后，再和他一起讨论是否需要购买。这样做，即便父母拒绝的观点孩子不能完全接受，他也不会轻易再向父母提出过分的要求了。父母也可借此机会对孩子进行深入教育，告诉他，其实他花的每一分钱都来之不易。当孩子明白了这些时，他对诱惑的抵抗力就会又提升很多。

用“诱惑”抵抗“想要”

我们经常会听到孩子这样问“爸爸，你每个月挣多少钱呀？”也许他只是随便问问，但是父母却要警惕孩子想知道爸爸工资的原因，也许他是想去与别的孩子进行攀比。

这时，做父母的应该怎样回答呢？也许很多父母会如实回答，也许有些父母会告诉孩子：“小孩子，别什么事都问”“问别人的薪水是不礼貌的行为”……但是，更恰当的答案应该是什么呢？让我们来看看这位父亲的回答：“儿子，在回答你这个问题之前，我先告诉你，在这个世界上，有很多人比我们穷，也有很多人比我们更富有。虽然我们家的生活水平比一般的家庭要好一些，但是爸爸、妈妈，还有你都要努力工作、努力学习，那样我们就可以过上更富有的生活。”

这样回答就告诉了孩子：比我们富有的人很多，只有通过努力学习、努力工作才能追上他们。这样，即使孩子问这个问题的目的是去和别人攀比，听了父母的回答，他也不会再去比了。父母给了孩子一个需要努力学习的动力，也会消除孩子很多不合理的心理。

另外，这位父亲回答的巧妙之处还在于，他告诉孩子，虽然我们的家庭不是非常富有，但比一般的家庭要好，这样会使孩子因生活在这样的家庭而感到自豪。同时，他告诉孩子，我们的家庭并不是最富有的，这也增强了孩子的家庭责任感。

游戏瘾，宜疏不宜堵

网络的普及给我们的生活、工作和学习带来了很多便利，但是也存在很多弊端，给我们带来了很多难以预料的负面作用。网络的不文明现象虽已得到一定程度的整顿，但是许多孩子却沉迷于网络游戏中不能自拔，许多家庭也因为孩子的游戏瘾问题而失去了以前的欢乐，甚至还带来了家庭危机。

归纳起来，诱发游戏瘾的因素大概有三种：

一是由于父母的娇纵或者过分管制，导致孩子养成游戏瘾，这是很多父母的教育方法存在问题。父母只懂得限制孩子玩游戏，而不懂得如何帮助孩子用培养新兴趣的方式去转移孩子对游戏的注意力。

二是很多孩子没有养成良好的学习习惯，学习效果并不理想，体会不到学习成功的乐趣。而在网络游戏中，却可以通过虚拟奖励，获得自我满足和肯定，宣泄学习不成功带来的压抑。

三是由于孩子人际关系处理得不好，希望通过游戏逃避现实。许多孩子性格内向、猜忌心强，碰到问题时不能及时解决而沉迷于网络游戏。

当孩子沉迷于网络游戏而无法自拔时，父母要学会用疏导的方式帮助孩子戒掉游戏瘾。

父母要利用爱心、耐心和诚心去解开孩子心中的“结”。用爱去感动孩子，让孩子接受一些朴素的道理，教他懂得如何爱自己、爱父母、爱学习，先苦后甜等这些最简单的道理。当与孩子进行交谈时，要让孩子感觉到你和他是平等的，是为了帮助他能更好地学习，是和他来交流的，不是来训斥、敷衍他的，这样才会让孩子打开心扉。

要得到孩子的认同

选择合适的时间和地点与孩子进行交流，让刚有游戏瘾的孩子认同、不反感与父母的交谈。与他们交谈时，最好不要直接和孩子谈上网、游戏的话题，而是选择从他们感兴趣的话题开始，逐渐过渡到父母身上。利用“你觉得爸爸妈妈这样做错了吗？”“我们这样做是为了爱你还是为了害你？”等问题来让孩子自我反省他对于父母态度的对错，进而将这种认同感再转移到对学习的重要性的认同上来，从而激发孩子们对学习的兴趣，鼓励他们多读对自己有意义的书，善于利用网络学习对自己有益的东西，减少玩游戏等有碍于成长的东西。

父母要学会“弹性引导”

父母在孩子的“脱瘾”过程中扮演着很重要的角色，必须打破原来一味地打骂、埋怨或者放纵、溺爱的传统做法。定期与孩子交流，创造有利于孩子的成长环境，满足孩子正常的人际交往、游戏等方面的需求。父母要更新观念，提高对网络时代的认识，不能谈网色变，一味地禁止孩子上网。

父母要善用网络

父母要学会上网，并且要善用网络，当好孩子的引路人，引导孩子选择有利于他们成长的网站，督促孩子健康上网，注意发现孩子在上网中碰到的问题，在上网过程中及时与其交流，一起制定有力的措施。同时，父母还可以在电脑上设置防火墙，防止孩子受到不良文化和信息的影响，进而消除孩子对网络游戏的沉迷。

运用心理知识梳理

要让孩子“脱瘾”，父母要掌握一定的心理学知识。很多父母面对孩子的网瘾或者游戏瘾往往是苦口婆心地劝说、哭诉，最终又束手无策。正确的做法应该是正面教育，并用适当的方法去改变孩子对网络的使用观念，转移孩子的兴趣，帮助他们走出网络游戏的迷阵。

间接转化注意力

为防止孩子沉迷于网络游戏，父母可以让孩子把时间利用在学习或做其他事情上。例如：让孩子独立承担家务劳动，并长期坚持；经常与孩子共同完成力所能及的工作等。在帮助孩子“脱瘾”期间，父母要及时关心孩子的身心健康，及时协助孩子调整负面的心理状态。同时，间接转移孩子的注意力，可以带孩子出去旅游，既能开拓孩子的眼界，又能锻炼他们的动手能力和交际能力。

通过一系列的疏导，孩子会慢慢淡化对网络游戏的迷恋，自觉地将其戒除。当然，这需要一个过程。孩子能够脱离网络游戏瘾，不仅取决于孩子自身的决心，还取决于父母的配合。许多父母需要改变教育方法，赢得孩子的信任和尊敬，但不要过多地去干预孩子，否则会令孩子反感。所以，要去除孩子的游戏瘾，需要的是理解、关爱，并与孩子建立起良好的亲情关系。

注意力转移

运用注意力转移的方法来应对孩子的一些错误行为，是很有效的一种方式。所谓的“注意力转移”，就是为了完成新的任务自觉地把注意力从一个对象转移到另一个对象上。

注意力一经转移，原本处于注意中心的对象便被转移到注意中心以外了，新的对象则进入了注意中心的位置，而且整个注意范围也发生了相应的变化。历史上有名的“望梅止渴”使用的就是转移注意力的方法以保证行军的速度。

沐沐最不喜欢吃蛋黄，妈妈每次拿鸡蛋让他吃，他都要大喊：我不吃蛋黄！妈妈就试图说服他一定要吃，因为蛋黄很有营养。显然，这个理由说服不了儿子。于是，一个坚持不吃，一个坚持要吃，餐桌上的气氛总是很紧张。最后实在没有办法，妈妈只好把沐沐碗里的蛋黄夹走，放到了自己碗里。

每个人都不喜欢被人逼着做事，尤其还是做自己不喜欢的事。所以，当孩子任性的时候，父母也不能硬逼着孩子按自己的想法去做，因为这样往往会事与愿违。

挑选孩子感兴趣的事帮助孩子转移注意力

那么，面对沐沐的情况，我们要如何处理呢？现在孩子不喜欢吃蛋黄，就先让他吃喜欢吃的东西。等孩子的注意力转移了，再慢慢让他接受去吃蛋黄。所以，父母千万不要在一件事情上和孩子纠缠到底，这样只会加深孩子对这个不愉快的事情的记忆，从而会更加抗拒。为了避免增加孩子的反抗情绪，父母可以挑选孩子感兴趣的话题转移。就以上文案例来说，妈妈可以问沐沐，你想不想长得更壮一点，在运动会上参加赛跑呢？

孩子听到后，一定会开心地说想。这时候父母就可以耐心引导，“听说吃蛋黄能让小朋友长得更结实”。可想而知，沐沐为了能参加赛跑，想要长得更结实，就会主动要求吃蛋黄了。在这种愉快的氛围里，父母既没有逼迫孩子做他不愿意做的事，也达到了让他吃蛋黄的目的。

巧妙转移注意力

很多时候，父母和孩子沟通需要一点技巧。我们都知道，孩子的情绪容易受到感染，注意力也容易转移。因此，父母可以利用孩子的这些特点，巧妙地转移孩子的注意力，从而达成自己的目的，进而取得良好的教育效果。例如：当孩子在学习中不思进取的时候，父母有时会采取温柔地哄劝，有时会采用强硬的要求，可能效果都不是很好。不如抓住孩子的兴趣，转移他的注意力，让他在你的引导下不自觉地忘记自己正在坚持的事情，主动投入到学习上来。

培养孩子的注意力转移能力

如果孩子的注意力转移能力差，不能灵活地将注意力完全转移到新的事物上去，那么，对于身处新鲜事物的孩子来说，外在的表现就是心不在焉、走神儿、溜号儿。如果孩子拥有了良好的注意力转移能力，他就会快速地将注意力从原来的注意事项上转移到需要他马上需要关注的新事物上，也就能更好、更快地接收新的消息，并且能够迅速而自觉地转换角色，从而顺利完成新旧事物的交替，以便全身心地投入到新的任务当中去。

因此，父母平时一定要注重对孩子注意力转移能力的训练，以便让孩子的注意力转移能力得到更强，更灵活，更迅速地锻炼，充分发挥注意力转移能力在孩子成长过程中的作用。

巧妙立规矩：掌握好定规矩的法则

孩子的生活不能没有“规矩”

美国心理学家菲尔·麦格劳博士对于孩子不听话有着不同的解读。他认为孩子天生的工作就是不断尝试和发现周围的环境，测试自由活动的安全范围在哪里，找到一道让他们感到安全的围墙。所以，孩子的“不听话”有时其实是他在探试父母的底线在哪里。在孩子的成长过程中，会出现很多令人抓狂的行为，但很多时候孩子只是在照样学样，他并不知道那是不好的行为，所以需要父母通过立规矩来为孩子构建这么一道坚固的围墙，告诉他什么是该做的，什么是不该做的，让孩子得到安全感。

帮助孩子建立时间规则

吃早饭的时候，芳芳不紧不慢地吃着碗里的饭菜，妈妈则在一旁催促着说：“芳芳，快点吃，你和妈妈都快迟到了！”芳芳却像没听到似的，一点也没有加快吃饭的速度。

很多孩子都有拖延的毛病，这是一个一定要改的习惯，否则对孩子的身心成长，性格形成都会造成消极影响。因此，给孩子灌输时间观念很有必要。父母在给孩子订立关于时间方面的规矩时，要注意尽量少用“马上”“快点儿”这种边界模糊的时间形容词，要明确清楚地告诉孩子几点钟应该做什么事。例如：“早上7点半出门”，否则上幼儿园会迟到，会被批评；妈妈上班会迟到，扣了钱就没有钱给你买玩具了。要把拖延的后果告诉孩子，而且后果是和孩子的实际利益有关联，才会引起孩子的重视。用良好的作息时间帮助孩子了解时间，才会让孩子学会珍惜时间。

教导孩子自己的事情自己做

爸爸下班回来看到林林正在客厅玩耍，沙发上，地板上，横七竖八地躺着各类玩具、绘本书籍。爸爸看到后，非常生气地说：“你看看你，一点规矩都没有，把客厅弄得乱七八糟的。要吃饭了，快点收拾好，听到没？”

林林的爸爸其实是想让林林养成随时收拾整理玩具的习惯，让林林学会自己的事情自己做。可是这样的大声指责、胡乱指挥，却对孩子没有实际的教育意义。在给孩子立规矩时，父母要以平和的态度告诉孩子应该怎么做。例如：玩完之后的玩具要收拾好，第一次时，父母可以和孩子一起收拾，给孩子做个示范，等孩子学会了就让孩子独立完成。孩子做得好就要鼓励和赞赏，尽量少用负面的话语来责怪孩子。教育孩子一定要有耐心，相信自己的孩子能做好。

培养良好的行为习惯

妈妈带明明去丽丽家做客，两个孩子玩得很开心，一会儿玩积木，一会儿看绘本，不一会儿两人又打闹起来了，一不小心把桌上的花瓶打碎了。妈妈忙向丽丽妈妈道歉，并批评明明说："小淘气包，看我回家怎么收拾你！"

明明在丽丽家闯了祸，应该让明明向丽丽妈妈道歉，而不是妈妈一句"看我回家怎么收拾你"就可以让明明认识到错误的，因为孩子的长期记忆力比较差，等他回到家也许就忘了这件事了。孩子犯了错父母应该马上指出来，让孩子意识到这样做是不对的，否则会让孩子产生侥幸心理，立下的规矩也会失去约束力。我们平时总免不了要外出或去别人家做客，父母应该告诉孩子，别人的东西不能乱碰，公共场合的设备不能随意破坏，否则要赔偿。而且，提前给孩子立下规矩，避免孩子因经验不足而闯祸。

随着孩子一天天长大，孩子需要理解他周围世界的规则。例如：如何与他人相处；自己能够把一件事做到什么程度，如果做得过头了，会发生什么；需要用一些方法来衡量自己不断增长的技巧和能力等。规则在孩子"学习—发现"的过程中起着极为重要的作用，对于孩子的成长，不但起着约束作用，更会使孩子感受到安全。

定规矩是件严肃事儿

父母定的规矩要利于孩子良好行为习惯的养成，所以，规矩绝对不能随便订立。给孩子立规矩时，信号要明确。例如：街上的红灯亮了，就要停下脚步，等绿灯亮了，再过马路。父母立规矩时，需要明确地告诉孩子，违反规矩就会有惩罚，而且惩罚跟孩子的切身利益有关。

当孩子犯了错误之后，如果父母说出类似“你从生下来就给我找麻烦”这样的话，会让孩子觉得自己是一个连爸爸妈妈也不喜欢的坏孩子，从而丧失信心。所以，父母要就事论事，不要旧事重提。

孩子的长期记忆比较差，一般早上吃饭慢这件事到了晚上，孩子很可能已经忘了，如果父母等到晚上再去惩罚孩子，不仅会让孩子感到委屈，还会让他觉得父母是在故意“找茬”。所以，及时惩罚才能起到相应的作用。

如果惩罚是一个不切实际的“威胁”，那么这个威胁对于孩子很难起到警告作用。所以，父母立规矩的时候要把孩子不遵守规矩的后果明确地告诉孩子。例如：孩子吃饭磨蹭，妈妈一起床就要告诉他：30分钟内吃完，否则端走。吃饭中途，可以提醒他一次，告诉他还有多长时间。同时，还可以添加一些额外的条件，比如按时吃完，给点奖励，不按时吃完，取消某个奖励。

立下的规矩，无论时间、地点还是场合，都要遵守。例如：在家不许随地吐痰，在外边也不许，而不是今天这个样子，明天那个样子，在家一套，在外边一套。这样只会让孩子糊涂，无所适从。

作为父母，不仅要清楚应该在哪些方面给孩子立规矩，还要清楚应该遵循一些原则：

*规矩不是只约束孩子的，父母也要遵守。因此，父母要以身作则，给孩子树立榜样。

*尽量给孩子树立简单易懂的规矩，要求要明确，如走路时靠右侧行走，还要把不遵守规矩的后果告诉孩子，易于孩子遵守。

*批评和惩罚要严厉、及时，才能起到教育的效果，不要一味指责，更不要给孩子贴上负面标签。

*和孩子一起立规矩，共同遵守。

*相信孩子，给孩子成长的空间，耐心等待孩子长大。

当然，要清楚规矩不是绝对不能够打破的，在孩子的要求下，可以偶尔“放宽政策”。例如：以零食代替正餐、中午看一会儿电视、晚睡一个小时等，这样可以减轻压力，让孩子更加自觉地遵守规矩。要相信孩子，不要以为偶尔的一次“放纵”就会养成什么坏习惯，有些事情，可以放手让孩子亲自体会一下“放纵”的后果。

夏天的时候，玲玲要求周末每天吃两次冰激凌，妈妈对她说冷饮吃多了会不舒服，她不理解，和妈妈闹脾气。于是，妈妈就允许她周末的时候每天吃两次冷饮。一个星期过后，玲玲的胃出现了不舒服的症状，妈妈告诉她这就是冷饮吃多了的后果。从那以后，玲玲再也没有要求过一天吃两次冷饮，而是主动约束自己，只吃一次。

有些事情，规劝不管用，就换一种办法，不一定正面要求。例如孩子爱吃肉，不爱吃青菜，劝他吃青菜，给他讲吃菜的好处，可是孩子就是咽不下去。这个时候，父母也不必强求孩子一定要吃，可以经常做一些带青菜馅儿的食品，比如包子、饺子等，以此种方式让孩子进食青菜；每顿饭的青菜，父母自己吃得津津有味，让孩子看着眼馋，有时他就会主动要求吃一些。

父母不要以成年人的行为准则来规范约束孩子，不要把孩子的一些淘气行为统统斥责为“犯错误”，要多从孩子的角度出发，体会、理解孩子的一些行为。在他看来，向你身上泼水或是偶尔吓你一跳，是非常好玩儿的事情，这个时候，你千万不要恼火，而应该温和地告诉他：“我知道你觉得这样做是件很好玩儿的事，但是我和别人都不喜欢你这样做，因为衣服湿了会让我不舒服或者会让我生病，所以请你不要再向我身上泼水了。”

没有规矩不成方圆，父母在立规矩时，要掌握各种技巧与原则，更要考虑到孩子的感受，与孩子共同遵守规矩，做好孩子的榜样。

做个温柔的规矩守护者

父母或许觉得经常犯错的孩子是不长记性。其实，孩子小的时候大多都是短时记忆，所以我们常常会发现，刚才还吵得不可开交的两个孩子，才过了一会，就又在一起快乐地玩耍了。

邻居家的壮壮是一个很可爱的小男孩，只是壮壮有慢性子的习惯，干什么都不着急，特别是每天起床，妈妈都是叫了一遍又一遍，才能把壮壮叫起来。这件事让妈妈头疼不已。又到了起床时间，壮壮却还在睡觉。妈妈敲门喊了壮壮一声，壮壮应了一句“一会儿就起”，翻个身却又睡了。过了十分钟，妈妈见壮壮没有动静，又敲门叫壮壮起床。壮壮嘟嘟囔囔地说“起来了”，可是十分钟之后还是没有起来，眼看就要迟到了，妈妈很生气，冲进门，直接掀开了壮壮的被子。壮壮一激灵坐了起来，然后对妈妈又推又搡，把床上的东西扔了一地，在床上撒泼打滚地哭闹起来，还威胁妈妈说，以后再也不去上学了。这样的“家庭大战”几乎每天早晨都会在壮壮家上演。

其实，有一些孩子很难快速从一项活动中抽身出来，投入另一项活动中去，就像壮壮早晨不爱起床一样。其实他每天晚上都会告诉妈妈第二天早点叫他起床，可是当妈妈喊他起床的时候往往就会发生上文中的那一幕。

从壮壮的例子中我们可以看出，壮壮睡得正香，妈妈叫他起床，壮壮产生了抗拒心理。妈妈喊得次数越多，壮壮就越烦，而妈妈的情绪也随着孩子不起床而变得激动，最终两个激动的人就不可避免地发生了冲突。

这样的事情其实在成人世界里也屡见不鲜，试想一下，假如你正在玩游戏，马上就要过关了，这时候有人叫你马上出去，你心里一定会想“啊，这一关马上就要过了，怎么这时候叫我出去？”不过，接下来你就会进行一个理性思考：“门外的人听起来很着急，应该是有急事找我。”经过几秒钟的理性分析，你就会选择一种恰当的行为方式去应对。

而孩子始终是孩子，大部分孩子还不具备这种理性分析能力。所以，当孩子睡得正香的时候被打断，他的第一反应自然就是：“不，我还要睡觉。”那么，孩子的下一步行为就只能依靠他的自制力了。自制力较强的孩子，可能会犹豫一会儿，然后意识到：妈妈叫我起床了，虽然我还想睡觉，但是继续睡下去就会迟到，还是起来吧！但是，对于自制力比较差的孩子，你越是让他起床，他就闹得越起劲儿，最终他还会说是父母把他的情绪弄得很糟糕，而不去做本应该做的事情。壮壮就属于这种类型，那壮壮的父母应该怎么办呢？

起床为什么会演变成家庭大战呢？壮壮妈妈对此负有不可推卸的责任。在一开始准备叫壮壮起床的时候，壮壮妈妈就已经认为：壮壮不会轻易起床，叫他起床是一件特别难办的事情。壮壮每拖延一分钟，妈妈的怒气就会增添一分，由于妈妈越来越暴躁，最终选择直接掀开壮壮的被子。而壮壮因为妈妈没有经过自己的同意就闯进自己的房间，并且掀开了自己的被子，感觉到了被冒犯和控制，直接由不耐烦变成了暴怒。假设壮壮妈妈可以控制自己一些，理智一点，事情也许就不会恶化，壮壮也就找不到推卸责任的借口了。

其实，和孩子说话时，最重要的一点就是：尽力保持冷静，事先订立规矩，让不配合的孩子无路可退。

订立完整的规矩

对于早上起床，本是壮壮自己的事情，但是壮壮属于自主性比较差的孩子，就是要妈妈叫才行。如果做父母的无法把起床这件事情退还给孩子，那么就要跟孩子说好："让我叫你可以，但是我只叫一次，我叫你起床了，你答应了，却没有起来，那就是你自己的问题了，你要自己面对老师的惩罚。如果你说话不算数，你这周看电视的时间就没有了，因为没有按照约定做事。如果你每天一叫就起，则周末的时候可以多看两个小时的电视。"

这基本上就是一个完整的规矩，父母在订立规矩的时候需要注意，奖励尽量选择孩子最想要的，而且是符合他所做事情本身的价值，假设孩子说"这一周你一叫我我就起床，周末就给我买苹果手机"，这显然是不可能的。因为他的付出和手机的价值不对等。对于惩罚则要选择孩子最讨厌的事情，这样他才不会轻易地去违反自己的承诺。

执行规矩前要先提醒

定好规矩之后就要开始执行，这个时候，我们需要多多提醒孩子。

例如叫孩子起床这件事情，父母第一次叫，孩子不起来，继续叫第二次，如果还是不起来，第三次就要说出惩罚“你再不起床，这周你就不可以看电视了！”如果孩子起来了，惩罚作废，如果孩子还是不起来，父母就要坚定地执行对他的惩罚了。

案例中的妈妈如果在叫壮壮起床的时候，提前告诉孩子：“五分钟之后你还不起床，我就进去把你的被子掀开帮助你起床。”五分钟之后，再次敲门说：“时间到了，你是自己起床，还是我进去帮你起床？”如果孩子没回应，妈妈就可以直接进门了。因此，让孩子从一件事情当中抽出身来去做另一件事情时，事先提醒可以让他做好心理准备，孩子抵触的心理也会减少一些。

违反规矩要坚决执行惩罚方案

当父母提醒无效的时候，需要坚定地执行既定惩罚方案，而且时间到了，要坚决、冷静地执行既定方案。

如果孩子开始发脾气，可以先进行冷处理，不能马上进行惩罚的话，就让他自己承担行为的后果（例如：迟到被老师批评）。但是，一到时机成熟，就要马上执行惩罚，一定要做到惩罚及时。

育儿的方法千千万万，但是每个孩子的教育方式又不尽相同。没有一个孩子是可以完全照着书本教育出来的，因此需要父母在实践中不断总结经验。孩子良好行为习惯的养成，是一个长期的过程，而对于让孩子遵守立好的规矩而言，父母在执行之前的提醒，也很重要。

Part 3

榜样的力量，成功的父母会影响孩子

家是幸福的港湾，是爱的温床。家不但是父母快乐生活的天地，也应该是孩子成长的乐园。

父母无形的引导：思想是行为的指挥棒

苏霍姆林斯基曾经把儿童比作一块大理石，对孩子的教育，就像是很多雕塑家手持各类工具，同时要把这块大理石塑造成一座具有灵性的雕像。那么这些雕塑家是谁？有多少人？用什么工具进行雕刻？其实对于儿童的教育而言，是家庭、学校、社会等很多力量共同参与的过程。而在这些力量之中，家庭教育又占了首要位置，因为父母正确的教育引导，能在孩子心灵中开辟出一片人格健康成长的绿洲，能给孩子带来快乐与幸福。可见，父母无形的引导，影响孩子的一生。

把善良传导给孩子

家庭是教育孩子的第一要素，也是塑造孩子的第一位雕塑家，而母亲则是最细致和最有才干的那一位。孩子在家庭这个小环境中孕育诞生，在父母的保护和教育下逐渐长大，所以孩子是父母精神生活的一面镜子。通过对每个家庭细致地观察，我们发现能对子女起潜移默化作用的好父母，最可贵的精神品质就是父母的善良和为他人做好事的品德。

凡是父母能把自己的一份热忱奉献给他人，在能与他人同甘苦共欢乐的家庭里长大的孩子，总是善良热情而又富有同情心。反之，如果父母只顾关注自己的儿女，除此之外心中别无他人，这种过分的溺爱最终总会变为不幸。孩子是家庭的一面镜子，如同一滴水能映出太阳一样，从孩子身上可以看出父母的品德是否纯正。

在一个好的家庭里，父母和睦相处，对各自的语言、思想和情感心领神会，对彼此的一个眼神和情绪的变化都能体察入微，两人都与人为善，相互帮助支持，互相信任尊重……这就向孩子无声地表明：世界是美的，家是他可以依赖的温暖的港湾。

因此，作为父母，要扫平夫妻生活中的沟沟坎坎，要善于创造家庭生活中最可贵的精神财富——互敬互爱。也就是说，要创造有利于教育孩子的家庭氛围，用自己的善良在无形中引导孩子善良。

父母把孩子带到这个世界来之后，对孩子的义务和责任包括：教育、培养、照顾、关心、爱护、帮助，只有真正完成这些任务的父母，才算是称职的父母。孩子是不是能够成为一个优秀的人，最重要的是取决于父母为孩子做了什么，父母的正确引导能培养孩子正确的思维方式，这又将成为他行动的指挥棒。

父母的榜样作用和父母与儿女之间天然的血缘关系使父母成为孩子成长过程中不可替代的重要因素。父母责任心强弱的程度，决定着儿女服从、听话和遵守纪律的程度。

劳伦兹博士经过研究表明，对于孩子来说，应该接受两种完全不同的爱。母亲主要起促进和安慰的作用，母亲温柔的爱能抚慰孩子不安的情绪，母亲温柔的声音也能让孩子得到内心的安宁。所以当遇到困难的时候，孩子最希望得到母亲的安慰，来调节紧张的情绪。而父亲则可以用自身的活力让孩子感受到生活的激情，让孩子学会热爱生活。父亲健康开朗的形象和积极乐观的生活态度，则可以影响到孩子的性格，使他形成积极进取和敢于负责任的品质。由于母亲的感情比较细腻，可以帮助孩子建立丰富的感情世界，而父亲是威严和充满力量的，所带来的安全感又是任何人都无法比拟的。

让孩子感受到家庭的温暖，感受到爱和温馨，就会让他们有足够的力量去面对这个世界，并深信生活是美好的。即使遇到挫折，孩子也一定能努力克服，用积极乐观的态度，拥抱整个世界。为了使孩子成为自己希望的样子，父母必须掌握一定的家庭教育知识，不止有一颗爱孩子的心，更要有正确的方法和理念，在爱的支撑下，给孩子提供一个健康快乐的生活环境，让孩子成为善良，乐观，充满阳光的人。

你的“是非观”影响着孩子

常言道，孩子是父母的影子。父母是家庭环境的创造者，是孩子的第一任老师。孩子从出生以来就在不断观察着自己的父母：当父母对孩子笑，孩子也对父母笑，因为他明白父母是高兴的；当父母一绷脸，孩子哇的一声哭了，因为他知道父母在生气……父母的言行举止对孩子有着巨大的影响，这种影响潜移默化，深刻而持久。因此，父母的是非观念将影响孩子的一生。

没有正确的是非观，就不能指导一个人做出正确的、符合道德标准的行为。很多新闻媒体报道过青少年的打架斗殴、抢劫盗窃、殴打亲人等违法犯罪行为，造成这种情况出现的原因大多是父母忽视孩子明辨是非的教育后果。

很多父母要么对孩子溺爱严重，有求必应，要么对孩子严苛要求，加重束缚，但是，走极端绝不会给孩子带来良好的家庭教育，反而可能会让孩子不明事理，胡搅蛮缠。因为父母没有把正确的是非观灌输给孩子，没有让他们知道什么是好的、坏的，什么是美的、丑的，什么是对的、错的，什么是应该做和不应该做的。

一个能明辨是非的孩子，在成长的路上会少走很多弯路，我们不奢求孩子未来的道路一帆风顺，无风无浪，但求他们能在正确价值观的指引下，走得稳，走得踏实，走得问心无愧。

因为社会大环境的影响，很多孩子在接触社会信息的时候会有迷惑混乱的情况出现。例如：初中女生在逛街的时候，看到街上的女生穿着超短裙，头上戴着各种饰品，会觉得很漂亮，很引人注目，在追求个性的心理促使下，她们也想以打扮的方式美化自己。但很多学校对中学生的仪容仪表是有规定的，过多的打扮会引起学生的攀比心理，分散学习注意力，而且在青少年心理未成熟阶段，过多的物质包装，会影响孩子今后的价值观判断。

在这种情况下，父母就要做好教育的引导工作，让孩子知道，在人生中，每个阶段都有每个阶段应该完成的任务，如果在这个阶段的任务没有完成，在下个阶段就很难再有同样的机会。就像一个人在该学习的青少年阶段没有认真读书汲取知识，那么在成年后，要去谋生时，再想去学习知识，将会比当初多付出更多的艰辛和努力才能达到。所以，父母应该告诉孩子，做事不应该舍本逐末，应该在自己认知的范围内，增强对事物的辨识度，做对成长有益的事。

那么，父母应该怎样辅助孩子明辨是非呢?

要让孩子有明辨是非的能力，父母就要做好表率，这是一种潜移默化的影响。懂理、明理、讲理的孩子，在处理问题的能力上也会很强，因为孩子各方面的能力不是独立存在的，而是相互影响的。一项品格完善地建立起来，另一项品格也会随之成长壮大。一些最基本的人格品质，例如：自律、自强、自信等等，建立起来以后，孩子就会根据从前的经验解决问题。都说真正的教育是自我教育，自我教育的前提却是父母正确的引导，只要父母这个拐杖的角色担任好，孩子将来就会进行良性的自我教育和自我反省，他们会自主地思考问题，出现问题之后也会自己解决。

每个孩子都是一张白纸，他们的可塑性非常强，只要父母使用正确科学的引导方式，孩子就会朝着指引的方向前进。或许在前进的道路上会有坎坷，孩子会偶尔出现叛逆，会和父母起争执和冲突，但只要父母不放弃引导，孩子至少会在曲折中前进，呈螺旋式上升的状态。父母千万不要抱有一种错误的观念，认为孩子还小不懂事，就放任其自由，觉得这是让孩子自然成长。其实，这种想法是错误的。儿时的教育是成长的基础，所以父母要在孩子小的时候，就给他植入明辨是非的正确观念，孩子长大了才会成为一个明辨是非的人。

帮助孩子建立正确的“身份意识”

每个人在不同的环境中，都会有不同的社会角色，例如：一名女教师，在家里，她既是女儿、妈妈、妻子，在工作中又是一名教师，社会交往中还是很多人的同学、朋友……那么，在不同的环境中要树立不同的身份意识才能扮演好每个角色。当然，对于孩子的教育，也要从小树立身份意识。

抓住树立身份意识的时间

从心理学的角度来讲，孩子最容易接纳别人对他身份认定的时机是7岁以前。如果父母在孩子7岁以前经常告诉他，他是一个什么样的人，孩子很容易会让这种身份认定进入自己的潜意识，并且会百分之百的接纳。等孩子7岁以后，父母想再塑造孩子身份的时候，就一定要注意相应的时机，否则孩子就不容易接受。

明明今年六岁，有一个刚满六个月的妹妹，明明的妈妈是一位小学教师，她平常就很注意孩子身份意识的培养。在明明妈妈决定要生二胎的时候，曾经征询过明明的意见。其实，明明最开始是有一定的抵触情绪的，因为他听到很多小朋友说，爸爸妈妈生下第二个孩子之后，会抢走父母对他的爱。出于这种自私的心理，明明反对妹妹的出生，而且还跟妈妈闹了一次脾气。看到发脾气的明明，妈妈就告诉他，妹妹出生后，明明就变成了哥哥，哥哥就变成了妹妹的英雄，要负起保护妹妹的责任。并且再三强调，妹妹出生后，又多了一个人爱明明，妹妹是不会抢走父母对他的爱的。

当妹妹出生后，明明真的就担当起了妹妹的“护花使者”。不让任何人去伤害妹妹，在生活上更是做到了无微不至，甚至连妹妹喝奶粉的时间比妈妈记得都准。

不难看出，明明的妈妈在生二胎之前，就采用了明明易于接受的方式，给明明树立了正确的身份意识，在妹妹出生之后，明明很自然地进入了哥哥的角色。所以，父母要在生活中掌握恰当的时机，给孩子树立正确的身份意识。

明确树立身份意识的四个时机

第一个时机是孩子极度快乐或者极度兴奋的时候。极度的快乐或兴奋会让人处于一种亢奋的状态。这个时候，人很少会因为一些小事影响到自己的心情，和平时相比，更易于接受不愿意接受的建议。

第二个时机是孩子极度悲伤或者极度伤心的时候。孩子情绪低落的时候，也是感觉最无助的时候。这时给孩子提出合理性的建议，孩子更易于接受。就像是在黑暗中骤然出现的一盏明灯，能为他指明前行的方向。

第三个时机是孩子非常放松的时候。在完全放松的环境下，会让孩子对周围事物产生浓厚的兴趣，更易于孩子接受新的身份。

第四个时机是孩子非常紧张的时候。紧张的环境会让孩子随时处于戒备的状态，强烈的不安全感，会让他对新的身份产生依赖，易于接受。

父母如果想让孩子接受新的身份，就要抓住这四个时机。在这期间对孩子说什么样的话，孩子都很容易记住，也就是我们说的进入他的潜意识。非常典型的现象大家会看到，如果父母在孩子非常愤怒的时候，告诉孩子说："你是个笨蛋，你这家伙不负责任。"或者说："你怎么那么笨。"那么这个孩子在潜意识中就会接纳自己是一个笨蛋的身份，这对孩子一生的成长都会有很大的影响。

反过来，孩子在放松和快乐的时候，如果父母经常告诉孩子，说：

“你是一个很开心的人，我们能感觉到你很幸福，感觉到你非常兴奋，感觉你做事很认真……”那么，这样一些积极的信念，在不知不觉中就进入了孩子的潜意识中，这对他一生都是有益处的。当然，父母通常会发现，孩子在放松和快乐的时候，往往也是自己放松和快乐的时候，所以很容易进入孩子积极健康的潜意识。而孩子在紧张或者悲伤的时候通常也是父母非常愤怒的时候，所以父母或孩子身边的人会不自觉地植入一些负面的消极的能量，孩子就会受到影响。

所以，提醒各位父母，在塑造孩子身份的时候一定要注意时机，尽量让孩子保持快乐、兴奋、放松的状态，这时候父母有意识地给孩子传递积极的正能量的信息，树立正确的身份意识，有利于成就孩子良好的意志品质。

帮助孩子找到信念的力量

信念的力量是来自心灵深处的爱！信念是一种意志，一种心态，一种信仰或是一种精神支柱。信念的力量是无穷无尽的，只要有信念，无论在什么竞争中，你都可能获胜。信念是胜利的根本。人生唯有信念不倒，精神不灭，灵魂才能得以永存。所以，父母要帮助孩子建立信念的力量，培养孩子正确的信念，帮助孩子树立正确的人生观、价值观，按照正确的信念做出正确的行为。

陈旭在初中的时候，学习刻苦，以优异的成绩考上了重点中学。进入高中后，成绩也一直不错，但升入高二之后，妈妈发现他的情绪产生了很大的波动，上学不积极了，也没有以前那么刻苦了，成绩直线下降。妈妈问他怎么了，他对妈妈说："学习是一件非常辛苦的事，我的两个同学初中毕业后都去跟着父母做买卖，现在的生活过得轻松自在。再看看我，每天起早贪黑地上学，上自习，写作业，我为什么要那么拼命学习？为什么就一定要优秀？我就像爸爸一样做一个普通的工人不好吗？"不难看出，孩子没有了信念，失去了他奋斗的目标，所以，对学习就不再用心了。

可以想象得到，如果陈旭的状态不设法改变，有可能过不了多久就会辍学。妈妈听了他的想法之后，表现得比较冷静，并没有与陈旭进行争辩，而是把这件事告诉了陈旭正在北京大学读书的表哥。表哥与陈旭进行了一次长时间的谈话，给他讲述了自己丰富多彩的大学生活以及人生的畅想和规划。在与表哥的谈话之后，陈旭感觉到自己的热血沸腾了，原来人生还可以这样丰富多彩。于是他立志也要考上和表哥一样的大学，让自己的生活也一样的精彩。在制定了一系列的目标之后，开始了不懈努力地学习。高考时，陈旭以优异的成绩考进了表哥所在的北京大学。

案例中陈旭在没有了信念，失去了奋斗目标之后，学习成绩受到了影响。后来，表哥的优秀，对他产生了刺激，使他重新找到了自己的人生信念，最终考上了重点大学。人生中，什么都可以缺失，失去一只眼睛，或者失去一条腿，都不会影响生命的意义，但是，如果失去了理想信念，那么生命就将失去它存在的意义。

理想和信念是人们的精神支柱，是人生路上的一盏明灯，失去了它，就会在前进的道路上迷失自己。所以，帮助孩子树立理想和信念极为重要，它是孩子学习的动力。

引导孩子树立远大理想和人生目标是父母教养孩子过程中不可或缺的一项任务，否则，孩子可能会变得平庸，没有进取心。

那么，如何培养孩子有梦想呢？

敢于追逐梦想

父母应该从小就培养孩子的理想意识，让孩子敢于追逐梦想。对孩子来说，也许他因为年龄小，还不一定能够懂得理想的重要性，但是，父母应该让孩子有勇气去追逐，并为了自己的理想而努力奋斗。

注重学习态度

培养孩子良好的学习态度。因为只有有了理想和目标，孩子的学习态度才会更加专一，才会心无旁骛地去学习。

脚踏实地的努力

父母在让孩子树立远大理想的同时，还要培养孩子的务实精神，要用脚踏实地的努力，去实现自己的理想。还要让孩子明白，机会只能留给有准备的人，天上是不会掉馅饼的，不要抱有侥幸心理。

勇敢面对困难

要让孩子懂得，人生充满了挫折，在实现梦想的过程中，一定会遇到很多困难，这个时候需要去勇敢面对，积极克服，不能退缩，当你突破了重重阻力，相信你的人生路途会越走越宽广。

坚持自己的信念

父母要培养孩子有足够的信心，令他坚定不移地去实现自己的理想，要告诉他努力就会成功，要让孩子成为坚强而有信心的人。

美国著名科学家、政治家富兰克林曾经说过：“从事一项事情，先要决定志向，志向决定之后就要全力以赴毫不犹豫地去执行。”也就是说，立定志向后，必须要有行动。如果孩子只是自己说说，并没有付诸行动，那么就意味着他对这个志向并不是很在意，很可能会半途而废。父母就要想办法提醒孩子要有所行动，要用自己的努力去推动志向的实现。

鼓励孩子勇敢做自己

自信是走向成功的起点。自信的孩子能积极地参加各种活动，主动地与人交往，勇敢地面对困难，较快地适应环境，大胆地尝试新事物。自信心是一个人对自身能力以及自我发展的肯定，是一种重要的个性心理品质。儿童时期的主要任务是发展自信心，克服羞怯和疑虑。如果这一任务完成得好，孩子就会成为富有自信心、行动果断、性格开朗而又充满活力的人。所以，父母要鼓励孩子勇敢做自己，要相信自信常常能创造奇迹。

一位妈妈说，自己的儿子特别胆小，在学校里无论见到哪个老师都不敢问好，老师还因此批评他没礼貌。家里来客人时，他总是躲在房间里不敢出来，也不敢打招呼，更不敢和客人说话。他爸爸从不敢和他大声说话，就怕一不小心吓到他。虽然父母也常常鼓励孩子，可以勇敢一些，但是一点效果也没有。

我们可以看出，这位小朋友非常害羞、胆怯，甚至显得有点自卑和封闭，整天生活在惊慌、恐惧、烦恼和被动中。我们相信他一定也想改掉这个坏毛病，做个大方、勇敢、自信的孩子。

其实，在日常的生活中，有很多小朋友也会在某些方面或某些时候表现出这种恐惧心理。例如：在日常生活中，有的小朋友特别怕蜘蛛、老鼠、毛毛虫等小动物；在课堂提问的过程中，有的小朋友明明知道答案，但就是不敢举手问答，或者站起来又不敢说话，只说两三个字就紧张得结结巴巴等。

心理学家认为，孩子害羞，腼腆并不是坏事情，这说明他们已经长大了，懂得谦虚了。但过分的害羞就会让他们变得胆怯、自卑甚至封闭，这就束缚了孩子思维和行为的发展，也给他自己的心理造成了很多的压力和痛苦，还可能会让周围的人瞧不起他，加深他觉得自己没能力，没出息的想法。

那么，如何培养孩子的自信呢？

轻松和谐的家庭气氛

父母可尝试在孩子情绪最放松的时候，一家人坐在一起，讲讲各自学习、生活和工作中的趣闻及难题，让全家人共同分享各自的苦与乐。此外，与孩子一起玩游戏或者参加活动也能缓解孩子的紧张情绪。坚持一段时间之后，父母会发现孩子越来越开朗活泼，在待人接物、与人交往方面也会有所改善，长期坚持，孩子就会对生活充满自信和勇气。

体验成功的喜悦

孩子获得成功的体验越多，他的自信心就会越来越强。而过多的失败体验，则往往会让孩子对自己的能力产生怀疑。比较小的孩子，缺乏人生阅历和生活经验，没有经历过人生的坎坷，没有生活的磨砺，缺少韧性，往往经受不起挫折。过多的失败，很容易摧毁他们对生活所抱有的美好希望，使孩子内心产生自卑心理。所以，对那些自我形象不佳，学习上有困难的孩子，父母更要增加他们成功的体验。

多给孩子一些宽容

孩子会常常犯错，也经常会受到父母的批评。但是，如果孩子稍有失误，父母就横加指责，这对孩子的发展是很不利的。孩子总是受到父母的责骂，就很难体验到成功的喜悦，久而久之，他就会觉得自己什么也干不好，逐渐对自己的能力开始怀疑，形成一种自卑的自我评价系统。因此，允许孩子犯错，这是每一个做父母都应该具备的宽容。

少一些包办，多一些引导

有些父母过于强势，总是担心孩子这个做不好，那个做不好，任何事情都包办代替，孩子很少有机会显示自己的才干，那么也就很难体验成功带来的自豪感。放手让孩子去做事，并加以引导，才能使孩子在得到锻炼的同时增强自信心。例如：让孩子自己做功课，父母不要陪读；让孩子参加一些有趣的活动，教他种花，养小动物，洗衣服等。同时，多带孩子到左邻右舍，亲朋好友家串门，让孩子在与他人的接触中，在与同伴的玩耍、游戏和交往中，尝试到合作、友谊及成功的乐趣，从而增强自信心，消除自卑感。

给孩子树立好的榜样

自卑是后天形成的一种情绪。如果父母遇事总说“我不行”，孩子不但会模仿父母的这种处事态度，还会认为：“父母都不行，我就更不行了”。因此，父母在困难面前表现得毫不畏惧，努力克服，才能培养孩子的自信，让孩子做勇敢的自己。

尺有所短，寸有所长。只要孩子有自己的特点，并且能不断地努力，就是值得表扬的。而当孩子遇到挫折或失败时，父母应该像知心朋友一样关心他，和孩子共同战胜困难。

父母给孩子看得见的影响：给孩子最好的心灵图画

孩子幼小的心灵如同一张白纸，最先在这张白纸上创作的是父母，那么父母就应当以身作则，做好文明表率。如果父母过马路闯红灯、见到文物就触摸攀爬，孩子自然也是有样学样。更可怕的是，孩子还以为自己这样做是正确的，不但不知道是非善恶的标准，文明素养更是无从谈起。当看到一个小孩做出不文明行为时，我们一般会质问他："你父母没教你吗？"由此可见，家庭教育对孩子的价值观、世界观的形成有重要影响。

孩子就是父母的影子

中国有一句俗语："有其父，必有其子"，这句话印证了父母的行为处事对孩子的影响。美国著名心理学家阿尔伯特·班杜拉认为：儿童可以通过观察、阅读、听他人讲述来学习模仿人类的行为。班杜拉及同事的一项著名研究证实了这个观点。研究中，工作人员将72名幼儿园儿童分成两组，分别观看两个成人榜样：一个人对充气玩偶拳打脚踢，另一个人则安静地玩玩具，对旁边的充气玩偶置之不理。之后，让这72名儿童玩这个玩偶，观察过暴力榜样的儿童模仿了攻击行为，他们不仅像“榜样”一样对玩偶施以暴力，而且还发明了新的攻击玩偶行为，譬如用玩具枪向玩偶射击。

我们说孩子就是父母的影子，不无道理。因为家庭是孩子最重要的生长环境，可能会伴随孩子一生。几个月大的孩子就开始跟父母“咿呀”学语，一岁左右蹒跚学步，孩子学会了说话、走路后，其说话的语调、走路的姿势都可能带有父母的痕迹。儿童在3岁前处在“图谱时代”，他们把人们的行为模式看成一些图谱，照着这些图谱学习各种行为。

例如：父母见到他人问好打招呼，告别时挥手再见，对帮助过自己的人说“谢谢”等，这些都是人际交往中的基本图谱。红灯停，绿灯行，横穿马路走斑马线，把垃圾丢入垃圾桶等等，这些则是社会规范图谱。在儿童的早期生活中，大量的行为图谱来自于父母，他们对父母的行为看在眼里，听在耳中，记在心上，并照此行事。这些行为图谱潜移默化地影响着孩子的行为习惯，如果父母行为不端，对孩子造成的不良影响也可想而知。

因此，父母想要孩子成为什么样的人，首先自己就得成为什么样的人，教育孩子的过程也要成为自我教育的过程。有些父母认为孩子什么都不懂，所以在孩子面前做事毫无顾忌，这是大错特错。其实，在孩子出生的那一刻，甚至孩子还在母亲肚子里的时候，父母的行为就开始影响孩子了。由此可见，父母给孩子做好榜样是何等重要。

那么，父母应该怎样给孩子做好榜样呢？

做孩子言语的榜样

有些父母平日里不注意自己的言语，偶尔会从嘴里溜出一些不文明的词语，这种时候，就等于在教孩子说脏话。所以，父母千万不要在孩子面前吵架，说脏话，时间长了，孩子便会学着你们的样子去为人处事。

做孩子学习的榜样

有些父母总是讲孩子不爱学习，那么请反思一下你自己，你给孩子留下了爱学习的印象了吗？如果父母没有给孩子创造一个充满学习气息的氛围，孩子看见父母经常在看电视、玩游戏，可想而知，孩子能爱学习吗？如果想让孩子爱上学习，那么就和孩子一块儿来学习吧。

用良好的德行引导孩子

父母所做的很多事，都是在给孩子做示范。父母在公交车上给老人让座，孩子也就懂得了要尊老爱幼；父母孝敬长辈、老人，孩子长大后也会孝顺；如果父母经常说谎，那么孩子也可能会养成说谎的习惯；如果父母不把承诺当回事，答应别人的事也不努力去办，就别指望孩子能做到诚实守信……有的父母抱怨孩子做事拖延，不按时完成作业，其实，父母也应该反思一下，自己是不是也经常不守时。

父母做好了，孩子自然也会做好。也就是说，父母的优秀的道德品行会通过自己的一言一行，传递到孩子身上，孩子也会有样学样。同样，父母品行上的缺陷，也会影响到孩子。所以，父母一定给孩子做好德行的榜样。

做孩子交往的榜样

我们生活在社会的大环境里，与人交往是不可避免的，而孩子的社交能力会直接影响他的学习和工作。从一个人的交际圈中能看出一个人的交往层次，如果父母每天混际于酒肉朋友之间，势必也会影响孩子的交往观念。

做孩子习惯的榜样

良好的行为习惯，能成就人的一生。可见一个人有良好的行为习惯非常重要。如果父母把每天的生活打理得井然有序，那么孩子做起事来也会有条不紊。

父母不要和孩子讲太多的道理，而应该用实际行动去影响孩子的行为习惯，做好孩子的榜样，让他们在实践中感知做人的道理，真正理解并运用到自己的言行中去。

朱熹曾说："俗语所谓将心比心，如此则各得其平矣。"

孩子是独立的个体，父母要给予他们足够的尊重。所谓"己所不欲，勿施于人"，对孩子同样如此。父母希望孩子体格健壮，自己就不该好吃懒动；希望孩子知书达理，自己就不该野蛮粗鄙；希望孩子优秀，自己就应该努力。所以，父母们要以身作则，在日常生活中给孩子树立好榜样。

父母的行为模式对孩子的影响

据媒体报道，在一个旅游景区的一段城墙上，很多游客或坐着，或站着，摆出各种造型拍照，其中一个小孩尿急，父母嫌上下麻烦，竟然就让孩子直接站在城墙上小便。这样的父母，怎能指望他们教育出彬彬有礼的孩子?

对于孩子的教育，父母要不遗余力，用自己的文明行为在潜移默化中影响孩子，让孩子拥有一颗爱他人、爱社会的公德之心。

很多时候，孩子看似沉浸在游戏之中，但是，他们也在关注父母的言行。孩子不仅会留意父母之间对话的方式，更会留心父母私下里如何评论对方。如果孩子听到妈妈对爸爸的牢骚或指责，他可能会想：爸爸是个笨笨的人，而妈妈也不值得信任，如果我不在她身边，她是不是也会这样说我？因此，父母不经意间的言辞，以及夫妻之间缺乏尊重的表现，对亲子关系都会有着很大的负面影响。

在家庭里，父母是否有特定的分工，对孩子协作精神的培养也很重要。例如：洗衣服、做饭是妈妈的活儿，洗碗、倒垃圾就是爸爸的事，这种死板分工，缺乏两人之间的互相帮助及团结协作，孩子也很难参与其中。如果父母想培养孩子不仅拥有自我价值，而且善于团队合作的话，就要打破这种死板的分工，全家人一起参与到家务劳动当中，不让孩子认为这就是“妈妈的活”或者“爸爸的事”，进而培养孩子的团结协作意识。

当父母在婚姻生活中遭遇困难，如经济危机、生病、失业等挫折时，如果夫妻能够携手渡过难关，孩子就会明白，原来生活中并不是一切都要完美，而是要有福同享，有难同当。因而夫妻之间的相互扶持，能增加孩子勇敢克服困难的勇气，更利于增强孩子的责任意识。

在家庭中，夫妻之间总会有些意见分歧，妈妈要买一套新沙发，而丈夫想买辆新车，两人可能因为这个问题争吵不休。但是，如果有人说“我挣得多，所以得听我的”，这就会给孩子传递一个危险的“强权即正确”的信号，也明确展示了什么叫缺乏尊重。但如果父母能花些时间进行协商，倾听对方的意见，最终达成一致，如“现在先买沙发，下个目标是在12个月内买车。”就会教给孩子协商的技巧，培养孩子和平处理问题的能力。

夫妻间难免也会有争执甚至吵架，但是父母的每次吵架，都会带给孩子不同程度的影响。当你觉得自己的意见必须要表达的时候，就把它当成一次教育孩子的良机，教他如何以善良和自信对待不同的意见和做法，如“我知道你这样做可能感觉不错，我也尽量理解你，但也得给我机会说说我的不同意见。”这样不但化解了家庭矛盾，也让孩子懂得委婉地表达会有那么神奇的效果。

生活的压力以及工作中的不如意，回到家里的你，可能会对伴侣出言不逊，揪着小问题不放，忘记承诺……遇到这些问题时，请让孩子看到你对另一半表达的歉意。道歉是弥合伤口的良药，让孩子看到父母间发生冲突后和解、修复的过程非常重要。这种认知会伴随孩子日后的生活，并指导他更妥善地处理自己遇到的问题。

父母常常教育孩子要做一个善良而富有同情心的人，然而这并不是一句口头教育就能达到的效果。父母要让孩子体会到你对别人的痛苦的真诚感受，无私地给予关心，以实际行动教会孩子对不幸的人施以援手。

许多父母和孩子拥抱、亲吻非常自然，但在孩子面前却不太好意思互相亲近。其实，你和爱人之间的亲密会让孩子知道：爸爸妈妈的吻和拥抱不是只给我一个人的。于是，孩子就会慢慢拥有独立意识，毕竟有一天，孩子会长大离开父母，去成立自己的家庭，更需要一份责任感支撑起一个幸福的小家。

如果想要孩子变得大度些、慷慨些，只告诉他应该懂得分享还不够，要让孩子看到你的行动：与人一起分享美食，把手里的遥控器让给别人等等。这样，孩子就能理解分享的含义了。

人无完人，每个人都有自己的缺点。例如：爸爸总是不守时，非常邋遢，从不记得孩子的生日……但是在孩子面前，妈妈是选择斥责他的缺点，还是默默宽容呢？这需要视情况而定。如果选择宽容，就要让孩子明白，父母间的感情并不意味着毫无缺点，缺陷也是一种可爱的特质。还要让孩子懂得，即使爸爸有缺点，但他还有很多优点值得赞扬。

夫妻之间吵架，你怎么解决？是摔门而去？躲在角落里哭？别忽视你的决定，因为你的任何处理方法都有可能成为孩子将来解决家庭矛盾的方式。要想让孩子将来学会正确处理问题，父母就要从自身做起，以理智、自信和善良对待生活中的矛盾。

丈夫叠好了被子，打扫了房间，脸上露出自豪的表情，妻子可能会很不屑地想：我每天都做这些事，难道还得给你发个奖状不成？这种想法要不得。实际上，对小事的鼓励和赞美常常能成就幸福的婚姻。这些小小的情节在孩子的心里会成为一粒幸福的种子，在他长大后就会生根发芽。

一个有素养的人，不是天生的，需要父母倾注很多心血从小培养，更需要父母以自己的一言一行去感染熏陶。父母的相处模式会对孩子产生深远的影响，所以，给孩子创造一个良好的生活氛围，才会培养出一个坚强自信、文明而又阳光的好孩子。亲爱的父母，先做一个合格的爸爸妈妈吧。

父母如何应对孩子的错误

孩子都会犯错，而父母对孩子各种行为的引导，以及对不良行为习惯的处理方式，却决定着孩子能否顺利地渡过这个充满学习的未成熟阶段。

所以，父母要教会孩子适应社会，学会与现实社会的和谐相处。

印度诗人泰戈尔曾经说过：“如果把所有的错误都关在门外的话，真理也要被关在门外了。”人都是在不断犯错之后才懂得分辨是非对错，慢慢成长起来的。父母要允许孩子在一定范围内犯错，若是能够采取正确的处理方法，孩子的这些错误都能以经验教训的方式转变成孩子进步的基石。

分析孩子的心理

孩子犯错后，常常带有消极心理，对父母更存有疑惧戒备。如果父母只是一个劲地打骂责罚，有可能会转移孩子对错误的正确认识，反而加剧孩子与父母之间的对立情绪。这个时候，父母要冷静思考，对事情要做全面客观的调查，听取孩子的解释，并允许他进行申辩。这样不仅利于父母全面掌握现实情况，同时也有利于消除孩子的疑惧心理和对立情绪。这样冷静的处理方式，有助于孩子认识到自己错在哪里，并且做到积极改正。

倾听孩子的感受和想法

当孩子犯了一个小错时，父母总是单凭自己的主观臆断，就对孩子的行为做出一些不中肯的评价和指责。而孩子想要申辩和解释的时候，父母通常会更加生气，认为孩子是在狡辩，对孩子说得最多的也是“不用解释！”如果父母不先入为主地去进行评判，而是带着好奇和感兴趣的态度，去试着了解孩子行为背后的真实想法，这种情况下，孩子会觉得自己的想法被人理解了，他就能更冷静、理智地面对自己的错误。

想办法弥补过失和解决问题

心理学家赛奇斯说：“当孩子犯错了，你应该带着孩子从过失的痛苦中走出来，不要盯着孩子的过失不放，应该去赞赏孩子尝试活动的努力和勇气。”孩子有过失的时候，恰好是父母教育的良机。把注意力放在如何弥补过失和解决问题上，是教会孩子承担责任的最好方式。面对孩子的错误，应该向他讲清道理，和孩子一起寻找弥补过失的方法，让孩子在过失中学到有价值的东西。

让孩子承担适量责任

要让孩子懂得自己的错误做法会给他人带来危害，最好的办法就是要让孩子承担一定的责任。当孩子犯错后，父母可以帮助孩子善后，但必须要求孩子也一起弥补过失，把危害降到最低，而不是父母一并包办解决。这样一来，孩子会懂得犯错误就应该勇于承担后果，不会逃避和推卸责任，反而能够吸取教训。

客观描述后果带给你的感受和不满

客观描述孩子的不良行为造成的后果，在心理学上称之为引导。当孩子犯错之后，父母绝对不能在愤怒的时候去批评孩子，因为人在盛怒之下，有可能控制不住自己的情绪，还有可能加重孩子的逆反心理。父母只需要告诉他们犯错的缘由和所造成的结果，指出错在哪里，向孩子说出自己的感受，让孩子知道你对他刚才的行为不满。这样做，既让孩子知道自己的错误行为给父母带来的不满情绪，同时也给孩子反思自己错误行为的机会和时间。

欣赏孩子在事件中的闪光点

孩子在成长的过程中犯错是不可避免的，父母应该包容和安慰孩子，指责和批评不仅于事无补，而且会造成孩子对父母感情的疏远。当孩子不必担心因为犯错而受到严重的责备和惩罚时，他们的注意力才会放在以后如何避免犯错上，才会从错误中吸取教训。如果父母抓住孩子在事件中和善后处理时表现出来的闪光点，更能打动孩子的心，让孩子积极地解决问题。

行为习惯的纠正要坚持始终

要想纠正孩子的不良行为，必须做到全家一致，坚持始终。说话不算数的父母在孩子心目中是没有威信的，孩子也不会重视你的要求，他只知道用哭闹抵抗一阵子，父母就会让步。所以，父母一旦采取合理的措施就不能半途而废，否则你的下一个要求就很难达到了。

给进步的孩子一份鼓励

有些父母一听到有人“告状”或发现孩子行为不轨，就会轻则训斥批评，重则大打出手。孩子处于被动的负面情绪里，不利于孩子对错误行为的改正。当孩子改正不良行为有所进步时，要及时表扬，要用肯定的态度爱护和关心孩子，一个鼓励的眼神或一句简单的表扬都要胜过一堆喋喋不休的指责或过分的物质奖励。

身教比言传更重要

言传身教的含义就是用自己的语言教育人，用自己的行动带动人，用自己的做法感动人，用自己的表现启发人。父母的言传身教是最重要的早教，而身教更重于言传。没有任何一个父母会教给孩子不好的东西，但是为什么很多孩子还是会有不好的行为出现呢?

孩子的学习，从出生那一刻就已经开始了，而他怎样学习，学习到了什么，往往是父母所不能控制的。因此，为人父母之后，更应随时注意自己的行为，因为那已经不单纯是一种个人行为了，这个行为会直接或者间接地对另一个空白的生命添上一笔浓重的色彩。

曾经当选南京市“十佳父母”的艾莉，就是用自己的实际行动给孩子上了一节生动的社会公德课。有一次，她带孩子去游泳，游完后，发现自己的皮凉鞋不见了，孩子天真地说：“妈妈，别人把你的凉鞋穿走了，你就穿别人的鞋吧，反正你的鞋也是丢了”。艾莉觉得这是个教育孩子的好机会。她硬是光着脚，带孩子走回了家。走了二里路，脚都磨破了。艾莉说：“我就是要用自己的行动告诉孩子一个道理：不能损人利己。做父母的一定要给孩子树立好榜样，要求孩子做到的，自己必须做到。”

艾莉抓住教育契机，用自己的行动向孩子证明：我们不能做损人利己、自私自利的人，而应当做一个胸怀坦荡、光明磊落的人，要做到“心中有他人”。可见，艾莉注重孩子良好的三观培养，并处处以身作则，用行动说话。身教重于言教，行动胜过语言。

作为父母，我们必须要意识到自己的言行对孩子的深远影响。既然教育孩子要环保，那自己又怎么可以践踏草坪、乱扔垃圾？既然要求孩子遵守交通规则，那自己又怎么能趁没车时闯红灯？既然希望孩子尊老爱幼，那自己又怎么能不孝敬老人……如果你自己没有成为一个负责任的成人典范，又怎么能够要求孩子这样或那样呢？

为孩子树立学习的榜样而不只是语言要求

父母总是望子成龙、望女成凤，却从来不要求自己学习，既不读书也不看报。因为怕影响孩子学习而不允许孩子看电视，可当孩子在自己房间学习的时候，父母却往往坐在沙发上吃着零食、看着电视，一边拿着遥控器换着频道，一边从门缝里看孩子是不是在认真学习，嘴里还嚷嚷着：“要认真写啊！”，完全一副居高临下的姿态，好像父母对孩子来讲只是一个管理者，只需要监督孩子学习。

也许有的父母会说：“我们也没有多少文化，也辅导不了孩子”，可是，我们可以用自己的言行来影响孩子啊！也许我们的知识不足以辅导孩子，但我们可以在孩子学习的时候读读书，看看报，这对孩子来说便是一种鼓励和支持！要知道，决定孩子成长的不是父母的监督和管理，而是父母为孩子树立的榜样。

为孩子树立言行的榜样

榜样的力量是无穷的，特别是在孩子那个不谙世事的世界里，父母的一言一行永远占据着相当重的分量。孩子会在不知不觉中模仿父母的言谈举止、处世态度、待人接物方式。

如果我们把孩子比作电脑，那么，孩子健康的身体只是电脑的硬件设备，而父母平日里的言行就会成为装入电脑中的软件，输入电脑里的资料，这些信息就如同种下的种子一样，成为孩子未来人生的表达。

身教胜于言教，要教育好孩子，最终的出路还是要父母先成长起来，注重自身的修养。要认识到：对孩子的教育，不光只有指导、督促和说教，最重要的是自己的言谈举止。父母在孩子眼里就是模范和表率，父母的一举一动、一言一行都在潜移默化地影响着孩子。所以说，父母在孩子幼小的心灵里播下美好的种子，比给予孩子任何财富都更为重要！通过自己的言行举止给孩子树立榜样，让孩子在感受到爱的同时，培养出爱人的能力。只有在孩子心灵深处种下一颗具有爱、关怀与原谅的种子，孩子才会快乐地成长。

作为榜样引导孩子

多元化的世界纷繁复杂，很多事情让人难辨是非。如果没有了榜样的引导，孩子就会失去方向。所以，爱孩子就要成为孩子的榜样，像灯塔一样照亮孩子前进的方向，给予孩子心灵的滋养，如此，孩子才会拥有更美好的未来。

教育就是一份双向契约

家庭教育，是一份双向契约，父母要与孩子学会一起改变。否则，父母的一切计划与美好愿望都很难实现。

下面是一位老师的两个案例，从中我们不难看出家庭教育对孩子影响有多大。要做好孩子的教育，父母要先从自身改变，与孩子一起成长。

> 我突然发现，我一周的教育效果，抵不过父母的一句话。我曾经教过的一个学生叫东东，他不爱学习，经常不写作业，偶尔上课睡觉。在我的印象里，他是一个聪明、接受能力又很快的孩子，学习状态不应该是这样的。每次我找他谈话之后，他就能好几天，但是一到周一，就又“涛声依旧”了。我想了解孩子在家里的状态，就进行了家访，这才明白其中的缘故。原来，东东的爸爸开了一个工厂，主要负责在外跑业务，经常一周回家一次。妈妈则是在厂子里坐镇指挥，夫妻二人都在忙工厂的事，有时就忽略了孩子的管教。孩子爸爸说，他和孩子在一起的时间少，总觉得亏欠了孩子，所以一回来就给孩子钱，领孩子出去玩、上饭

店吃饭，孩子的所有要求都尽量满足。孩子一说要写作业，他就告诉孩子：学那个没用，我小学没毕业不也挣大钱嘛！你就学会写字、算数，好好长个儿，长大以后接我班就行！孩子本来自制力就差，听了爸爸不用学习的言论，自然玩得不亦乐乎。

东东爸爸觉得学习不重要的思想在孩子的心里产生了很大的影响，如果父亲的观念一直不改变，老师的教育就很难收到效果。孩子将来可能会去接替爸爸管理厂子的工作，复制爸爸的一生去活。但是，这位爸爸却忽视了他的创业与孩子的守业之间的本质区别，没有学好优秀的管理知识，没有良好的意志品质，只有娇惯和宠溺，东东能否守业成功，还真是个未知。

我现在带的这个班有一个学生，作文中这样写道："自我记事以来，我的父母就没有心平气和地说过一句话，吃过一顿饭。只要一见面，要么像陌生人一样，要么非打即骂。最让我记忆犹新的是一年级那次爸爸打妈妈……站在门口瑟瑟发抖的我早就吓得泣不成声了，父亲那一巴掌，仿佛打在我脸上……我想，我已经无法拥有一份完整的爱了，我的家庭就像个摇摇欲坠的花骨朵，已经无法开放了。"

在温暖中长大的孩子，他将学会宽容和感恩；而在争吵中长大的孩子，他将学会冷酷和叛逆。试想，长期在这样环境下成长的孩子，怎么会去爱自己的父亲，怎么能安心学习，又怎么能学会爱和宽容?

很多教育学家都说过，“孩子是父母的复制品”。父母是孩子的第一任老师，也是终身的老师。也就是说父母有什么样的品质，孩子在潜移默化中可能就学会什么样的品质；孩子所做出的事情，处理事情的方法，都是从父母身上照搬来的。所以，孩子做错了什么，父母首先要做的不是责骂孩子，而是要自我反省一番，审视一下自己做的是不是正确。

孩子的问题，往往都是父母的问题，无论是情感、陪伴、尊重、亲密、沟通，还是在问题的解决方面，父母只有和孩子生活在一起，才能了解孩子内心的诉求，才能为孩子的成长提供支持，这是父母在孩子成长中应该承担的最起码的责任。

给孩子创造一个好环境

当父母结束了一天辛劳的工作之后，回到家里，看到孩子一边呼唤着你，一边兴冲冲地向你走来的时候，你的内心是不是充满甜蜜？家是幸福的港湾，是爱的温床，家不但是父母快乐生活的天地，也应该是孩子成长的乐园。一个孩子生活在幸福美满的家庭中，身心将得到健康发展。

给孩子一个温馨的家

父母对孩子的爱应该是无条件的，是自觉自愿的，是永恒的，是无私的，是不求回报的。爱孩子是每一位父母的天性，爱孩子不仅仅是因为他能给家庭带来欢乐和幸福，能给我们的心灵带来慰藉，更是因为孩子就是我们生命中的一部分，是我们的延续，是我们的希望。

因此，为孩子的成长创造一个最佳的家庭环境，应当是父母义不容辞的责任。

理想的家庭环境中，每个成员都有生活空间，在家里相互尊重，有积极的心态，而且每个成员都会为自己的行为负责，父母能成为孩子的榜样，处处鼓励孩子积极向上。全家人互相爱护，互相帮助，共同迎接生活的挑战。

相互信任的生活环境

家庭信任对孩子影响很大，可使他对人、对社会抱着一种积极的信任而非怀疑的态度。从实际出发，理智地对待和要求孩子，以及把孩子当作一个平等的家庭成员来对待，给予孩子信任，对孩子的人生态度有很大的影响。在一个宽松环境下成长的孩子会宽容大度，不斤斤计较；在民主气氛影响下的孩子，会用平等的、开诚布公的方式来对待他人。

欢乐、和谐的家庭氛围

家里的氛围快乐、和谐可以使孩子充分体会到自己是家庭里的重要成员。沐浴在温馨的氛围里会让人感觉身心愉快、豁达，孩子更容易成为一个快乐活泼、性情开朗、具有家庭观念和重视亲情的人，这对孩子的成长大有裨益。

爱而不溺的家庭环境

父母爱自己的孩子天经地义，但绝不能溺爱。父母对孩子的坏毛病、坏习惯一味地纵容，对孩子的各种生活都要予以包办代替，孩子的各种要求都会予以满足……这种家庭环境下长大的孩子，缺乏独立自主的个性，适应社会的能力也会很弱。

适合学习的家庭环境

每个孩子都有不同于别人的特点，父母不能把孩子当作自己希望的筹码，而忽略孩子自己的兴趣爱好。要根据孩子的兴趣特长，选择合适的兴趣发展，合理安排孩子的特长发展，才更益于孩子的身心健康发展。每个孩子的成长，都离不开学习，父母应该为孩子创造一个舒适的、益于孩子发展的学习环境。

尽量为孩子准备一个整洁、明亮的专供孩子学习的房间，学习的房间不需要繁复的装饰，简洁舒适即可。电脑和电视不要放在孩子的房间里，玩具要收起来放到柜子或箱子里，以免分散孩子的注意力。即使不能有一个独立的房间，也要为孩子准备一个学习角，安置一张学习桌，能让孩子安静地学习。

同时，父母要监督孩子远离电脑、电视机、手机和玩具等会分散孩子注意力的东西，不要让孩子一边学习一边做其他事。父母在孩子学习的时候，也不要看电视、打麻将、玩手机，以免各种嘈杂的声音会影响到孩子的学习情绪。

父母也要努力营造一个勤学上进的学习氛围，尽好孩子第一任老师的责任。父母的勤奋好学，在工作之余也不忘读书学习，刻苦钻研，不断地充实自己，不仅能为孩子树立一个热爱学习的好榜样，也在无形中传达一个暗示：学习是一件很重要的事情。在这样潜移默化的影响下，孩子会在不知不觉中提高对学习的兴趣，自觉地加入父母的学习行列，一起努力学习。

父母要理性地看待学习及考试，绝不能把考试成绩当作衡量孩子成败的标准。孩子学习进步了，父母要肯定和表扬，鼓励孩子继续努力，争取更大的进步；孩子学习退步了，父母要做的不是指责，而是帮孩子分析成绩退步的原因，找出他学习上存在的问题，想出解决问题的方法。

良好的学习环境对孩子学习有非常积极的影响，父母要为孩子构建一个良好的学习环境，让孩子全神贯注地学习和思考。

一个和美的家庭对孩子的影响

教育家苏霍姆林斯基说过；“要善于创造家庭生活中极宝贵的财富——互相爱恋，这也就是说，要在家庭中创造有利于教育子女的气氛。”

爱恋是人的情感，而人的情感是在一定的情境中产生的。一个人在充满欢乐、友爱、幸福的情境中，就会产生快乐感、幸福感，就会萌发爱恋的情感；相反，在充满矛盾、口角、打骂的环境中，就容易产生悲哀和痛苦，很难产生爱恋的情感。

那么，一个和美的家庭环境，对孩子究竟有多重要呢？

影响孩子的情商

婴幼儿时期的孩子是离不开妈妈的，如果一个孩子从小没有妈妈或者妈妈被家庭折磨得整日以泪洗面，孩子通常是自卑和抑郁的。孩子3岁前，如果妈妈在不和睦的家庭中生活，其负面的情绪可能会影响孩子一生。

孩子过了婴幼儿时期，爸爸就应该担起更多的责任，用自己的父爱教给孩子信任、耐力、毅力、感恩等。家庭和睦才能促使父母默契地做好衔接工作，夫妻二人互相鼓励，共同给孩子最健康的身心。

影响孩子的婚恋认知

恐婚人群为什么存在？是他们自身出了问题吗？不是的，是他们没有从自己的家庭中感受到婚姻的幸福。从小看惯了父母的争吵打闹，所以对他而言，婚姻就是让两个人过得不幸福的源头，只有远离婚姻才可以避免这些问题。

和睦家庭培养出来的孩子，不仅会勇敢地选择恋爱，而且他还会把自己父母的形象作为筛选另一半的标准。因为在他心里，父母是完美的，认为只有自己和他们一样才会幸福。

影响孩子为人处事的能力

以上所说的影响都是决定一个人在社会上生存的重要因素。和美家庭的孩子多是用乐观的心态在艰难中成长，而问题家庭的孩子却总是在用悲观的心态在本该的幸福中成长，两种心态会造就两极分化的表现。所以，我们会看到，生活中各行各业、各种性格的人，有的人性格坚毅，能忍受所有的挫折，甚至会因为经历一次次打击而越战越勇；有的人却会因为老板的一句话就选择跳槽。

为孩子创造和谐的心灵环境

一个温暖和睦的家是由家庭所有成员共同创造的，和美的家庭环境能成就孩子美好的一生。和谐的家庭关系表现在家庭成员之间和睦相处、互相体谅、互相尊重，时刻让孩子感受到家庭的温暖。所以，父母要为孩子创造一个和谐的心灵环境，孩子才会健康快乐地成长。

下面列举两个案例，让我们来对比分析一下孩子拥有和谐的心灵环境对孩子有多大的影响。

悦悦是一个活泼、开朗的孩子。平时爱说爱笑，乖巧懂事，是个人见人爱的小姑娘。为了能让悦悦掌握一技之长，4岁的时候，父母省吃俭用为她买了一架钢琴，并花重金为她请了钢琴老师，妈妈每周末都带着悦悦去老师那里上课。从此以后，每天练琴时，悦悦耳边总是充斥着母亲急躁的训斥和怒骂；上课时老师也难得满意一次。和谐的家庭气氛不见了，学琴成了悦悦最痛苦的事。但是，悦悦从小就非常懂事，她理解父母是“为自己好”，她也懂得必须忍受的道理。于是，悦悦就在这样的心理状态中慢慢成长。渐渐地，周围的人都注意到悦悦变了，变得孤僻、寡言，胆小怕事，不愿学习，害怕困难，回到家里也很少和父母说话。

悦悦的变化，绝对不是父母想要的结果，那么孩子为什么会变成这样呢？事实上，父母的期望往往也是孩子学习和成长的动力，如大家耳熟能详的岳母刺字的故事，不正说明了父母的期望转化为孩子成长发展的动力吗？但孩子学习需要一定的心理氛围，而这种心理氛围则来自于父母的教养态度。所以，父母应该给孩子创设一个温馨和谐的心灵环境。

同样是个学琴的案例，却有着截然不同的结果。

邻居家有个叫荣荣的小男孩，长得虎头虎脑、活泼可爱，可3岁了还不大会说话，这可急坏了他的父母，四处求医也没有结果。一次偶然间，荣荣的妈妈发现孩子的乐感很强，于是和孩子爸爸商议后决定让孩子去学钢琴。刚开始孩子兴趣很高，可过了一段时间，孩子有了畏难和抵触的情绪。这时，荣荣的父母没有对孩子强迫、命令和呵斥，而是从孩子心理发育的角度出发激发孩子的兴趣。他们为孩子创造浓厚的音乐氛围，带孩子参加各种音乐活动，开展各种音乐游戏，并经常和钢琴老师交流，了解孩子的学习情况；在孩子畏难时，让孩子弹一些简单优美的旋律，重新调动起孩子对音乐的兴趣和热情。荣荣的父母为孩子创设了一个温馨、关爱和支持的心灵环境，为孩子的学习奠定了良好的基础。荣荣现在不但琴弹得好，人也变得自信了，而且通过双手的练琴开发了左右脑，促进了孩子的语言表达，真可谓是一举多得。

家庭是孩子出生和成长的摇篮，良好的家庭氛围是保证他们身心健康成长的基本条件和生存背景。所谓心灵环境，主要是指家庭生活中长期占有优势地位的一种情绪性心理，是一种潜移默化的潜在的教育因素。它存在于人们相互间的言谈、行为、表情和要求之中，虽然不能明确指定，但确实能使人感受到其价值和作用。幼儿期是一个人身心健康成长的奠基时期，从小培养幼儿健康的心理，具有极其重要的意义。

那么，怎样在家庭中创设温馨和谐的心灵环境呢？

树立正确的教育观

心理学家维果斯基的“最近发展区”理论启示我们：父母对孩子的期望应该是在孩子已有的心理发展水平基础上，提出一定的要求，过高的期望反而会使孩子无所适从。家庭教育要特别强调父母的榜样作用，道理要讲，但父母的言传身教可能更为重要。父母自身也要强调学习，更新观念，有意识地学习家庭教育的知识。

每个孩子的天赋、爱好是不同的，他们各有自己的特长。如果父母总是将目光停留在孩子的缺点上，他们就很难树立自信心，往往会灰心丧气，怕在父母面前表现自己，对自己的缺点更加焦虑。父母应当善于发现孩子的闪光点，并给予积极指导。

教育孩子要用科学的方法。“棍棒底下出良才”有悖于科学教养原则。家庭教育最忌无故打骂孩子，父母要学会“忍”，每当遇到心情不好或者不愉快的事情，不能迁怒于孩子；孩子犯错误时，应心平气和地说服，给孩子一个认识改正错误的机会，让孩子感受到父母的包容。

建立和睦充满爱意的心灵环境

和谐的心灵环境应该为孩子营造爱的氛围，核心是对孩子人格的尊重和关爱。爱是人类特有的情感，是人类最重要的感受，它被称为“人性的结晶，宇宙的精华”。爱在人类各种需要中居于首位，是儿童基本的心理需要，也是造就儿童健全人格的关键因素。

温馨的家庭生活，自由、平等、和谐，充满爱。在这样的环境中，孩子心情舒畅、精神振奋，容易产生愉快的情绪体验和积极向上的进取精神。在这种环境中成长的孩子往往具有较强的好奇心和探求欲望，也能充分认识自我价值，其独立学习、解决问题和适应社会的能力都能得到提高。

托尔斯泰曾经说过：“夫妇的和睦关系是成功地教育孩子的首要条件。”教育家苏霍姆林斯基则认为：“夫妻间的互尊互助是具有伟大教育力量的道德财富。”夫妻间的爱情、相互体贴、各自的责任和义务以及个人的榜样是编织在一起的，而孩子正是把父母之间的相互关系作为他认识一切人际关系的起点。

创设民主、平等和谐的心理环境

所谓平等和谐的环境，是指孩子能够自由表达自己的见解，能够充分表达自己的兴趣和爱好，注意发扬民主，注重发挥个性影响力。教育民主，能使孩子产生安全感并学会开放自己，而且有助于他把父母的要求转化为自己的自觉行为，有助于父母自然而有效地发挥个性对孩子的影响力，最终使孩子充分自由地发展个性。

父母在教育过程中要努力更新自己的教育观念，平等、民主地对待孩子、尊重孩子。如果父母常常以长者自居，力求“长辈”的刻板形象，随便批评、惩罚孩子，都是对孩子身心发展不利的，只会使孩子与父母之间产生隔阂，面对父母时也会带有焦虑情绪。父母在和孩子的交流中，如果发现孩子的不同见解、独特创意，要及时给予鼓励表扬，消除孩子的顾虑，使他形成乐观的、积极的态度和信念。

只有平等地对待孩子，尊重孩子，家庭才可能是一个愉快的整体。父母对待孩子应该既是长辈又是朋友，父母应常跟孩子同玩同乐，要经常听取孩子的意见和要求。孩子做错事，父母要循循善诱、以理服人，不能当众大声训斥；孩子遇到挫折，父母不能挖苦嘲笑，要正面引导，帮助他们树立信心，克服困难；对于孩子的出色表现，父母要及时、多次地表扬鼓励，并不断地向孩子学习。

创建学习型家庭

一个欢乐和谐的家庭，充满学习氛围的家庭，是孩子健康成长的摇篮。

学习型家庭所倡导的是父母带头学习，成为学习型家庭的主体；父母向孩子学习，建立交互式的学习模式；合理配置学习时间，亲子共同分享学习成果；增加家庭文化投入，提高家庭成员知识含量。人生最大的幸福并不在于拥有财富，而在于拥有亲情、友情、爱情。学习型家庭是理想的家庭模式，充满着民主、平等、信任、友爱，充满着求知、探索、好学的氛围。这样的家庭，能使人的素质全面提高，家庭成员的精神世界丰富而又愉快。家庭的闲暇时光充实，富有意义，会使人迸发出巨大的创造力，这是幸福之源、健康之本。

法国哲学家爱尔维修有句名言：“人是环境的产物。”他认为：人刚生下来时都一样，仅仅由于环境，特别是幼儿时期所处的环境不同，有的人可能成为天才或英才，有的人则变成了凡夫俗子甚至蠢材。莫扎特之所以成为伟大的音乐家，和其充满音乐气氛的家庭氛围及从小的音乐艺术熏陶不无关系；米开朗琪罗虽然出身豪门世家，但他出生不久便被送到乡下，寄养在别人家，他的保姆是石匠的妻子，所以他从小便爱上了锤子和凿子，这为他日后成为大雕刻家奠定了基础。

为了孩子健康全面的发展，为了家庭的幸福美满，父母应该努力去追求积极合理的教养态度，为你的孩子去营造温馨和谐的心灵环境。

父母的陪伴才是孩子真正需要的

“陪伴是最长情的告白。”这句话放在父母陪伴孩子身上也同样适用。父母为孩子提供再多的物质享受，再多的金钱，也比不过长久的陪伴。

父母的陪伴，在孩子的成长过程中同样重要。它会影响到孩子个性品质的形成，会影响到孩子行为习惯的养成，会影响到孩子的社会交往能力，甚至会影响到孩子以后的家庭关系的处理。但是，很多父母还是会由于各种原因，忽视了对孩子的陪伴。

忽视孩子的家庭教育

父母都很爱自己的孩子，但是却往往不知道该怎么教育孩子才是对的。于是，他们把孩子送进学校，以为孩子的教育问题就万事大吉了。然而，他们没有想到是，如果孩子在家庭生活中没有养成好的生活习惯和学习习惯，这个孩子就很可能成为学校的“差生”“问题学生”。孩子的教育是一门大学问，不可能一蹴而就，也不可能套用公式定理，更不可能复制粘贴。

隔代教育拉开了与孩子的距离

大多数父母由于工作繁忙，对孩子的教育选择隔代教养。孩子和爷爷奶奶或姥爷姥姥生活在一起，这样的教养方式有很大弊端：大多数老人不懂教育方法，只会一味地满足孩子的各种要求，即便孩子犯了错，也只是象征性地对孩子进行口头批评。长期在骄纵环境下长大的孩子往往自由放纵，唯我独尊，不懂得理解和宽容，自私自利。

借口忙碌造就问题孩子

有些父母忙于工作，一早出门，半夜才回家。虽然也住在家里，但却很少和孩子碰面，致使孩子处于空巢或者半空巢的状态。父母只管给钱，孩子没人管教，面对孤寂的家庭和花花世界的诱惑，还有大把自己自由支配的时间，孩子往往沉迷于网吧、游戏厅，甚至结交不良社会青年走上歪路，影响孩子的一生。

夫妻关系不和影响孩子

琳琳今年十四岁，长相甜美，给人的第一印象应该属于可爱型的。

可是接触下来之后，你会发现你的判断有多么错误。这个孩子不仅行为粗鲁，满口脏话，还总是一副大姐大的模样。抽烟、喝酒、打架，还向其他同学索要财物……让人感觉可恨的同时又让人心生怜悯。走进她的家庭，不难找出问题所在。父母虽然没有离异，但是却都不关心琳琳的成长。爸爸喝了酒之后就动手打人，妈妈除了谩骂，撒起泼来更是不甘示弱。成长在暴力的环境之下，养成了琳琳的性格。

其实，在很多家庭中，夫妻不和，天天只顾吵架，却没工夫管孩子。有的父母甚至到了离婚的地步。爱的缺失往往会使孩子对父母产生厌恶、逆反心理，不愿意和父母交流，有的甚至在家庭外寻找关爱，走上早恋的道路。

教育孩子最重要的是父母要和孩子生活在一起。美国明尼苏达大学的营养学家兹泰尼研究发现，79%的青少年都喜欢跟父母在一起吃饭，他们认为晚餐的时候全家人坐在一起吃饭比吃什么更为重要。很多研究也表明，全家人一起吃晚餐，对于家庭教养有很多好处：有助于孩子获得较好的营养，较高的学业成绩，哪怕父母双方，只有一个人能够赶上晚餐，能够跟孩子在一起就餐，也同样能达到以上的一个效果。

如果不知道该如何去陪伴孩子，不妨照着以下方法试一试。

每天陪伴孩子15分钟。和孩子建立亲密的亲子关系，需要父母每天一点一滴的积累。在陪伴孩子的时候，父母应该全心全意和孩子一起互动，没有工作，没有压力，心无旁骛地陪伴孩子，建立高品质的亲子关系。

寻找可以与孩子一起做的事。父母可以和孩子一起读书讲故事；一起游戏或打球；一起听段音乐唱唱歌；一起坐在沙滩上听海浪的声音，给孩子讲解大自然的知识；和孩子一起爬山，一起坐在地上研究自然，观察小动物、花草树木；还可以周末带上孩子，到孩子的爷爷奶奶、姥姥姥爷家做客，以让他感受亲情，学会孝敬长辈。

倾听加身体接触。父母可以不加评判、没有指责、没有轻视、没有打击、没有打断，只是很单纯、很欣赏、很专注的、静静地聆听孩子的诉说。在聆听的过程中，父母可以简单地回应：嗯、哦、是哦、然后呢？还有呢？接下来呢……

父母陪伴孩子的过程中，尽可能多一些与孩子身体上的接触：拍拍孩子的肩膀，摸摸孩子的头，握住孩子的手，拥抱孩子等。此外，欣赏的眼神也很重要。陪伴的方法还有很多，最关键的就是，在与孩子交流时，父母是否全身心的付出。

父母这种“职业”的特点是：最需要训练却最缺乏训练。事业有成弥补不了家庭教育的失败。孩子需要父母双方的陪伴，孩子的成长教育，父母只有一次机会。

当孩子慢慢长大时，父母就会发现：他们越来越需要自己的空间；他们不再“无理取闹”地让你陪他；不会再像小时候一样扎到你怀里撒娇；不会再拉着你在床头像儿时一样央求你讲个故事陪他入眠……孩子和父母最亲昵的时光，一旦错过了，就再也回不来了。

父母与其给孩子充足的金钱，还不如和孩子进行一段深入内心的交流，不如对孩子的理解，不如家人团聚的其乐融融……要知道，影响孩子成绩的主要因素不是学校，而是家庭。

每个人都不是天生就懂得如何去做一个好父母的，但是你将一个生命带到了这个世界上，就应该努力去肩负起属于自己的那一份责任。若是生而不养，养而不教，还不如不生。孩子是父母这一生最重要的一幅作品，请务必谨慎地对待他。而陪伴孩子长大的过程，又何尝不是父母自我成长的过程呢？

Part 4

跟上孩子心理成长的脚步

关注孩子的心理健康，跟上孩子心理成长的脚步，对孩子的健康成长有着举足轻重的作用。

跟上孩子心理成长的脚步

由于网络的普及，孩子获取知识渠道增多。然而，网络在带来更多知识的同时，许多负面的东西也随之而来，如果孩子辨别能力较差，可能就会受到一些不良的影响。在父母和老师过高的期望，以及自身过重的心理包袱的双重压力下，当孩子遇到问题时，还不知道如何去化解矛盾，脆弱的心理承受能力，常常会使他们做出一些过激行为。所以，关注孩子的心理健康，跟上孩子心理成长的脚步，对孩子的健康成长有着举足轻重的作用。

3~4岁孩子的身心特征

生理变化大

活动范围增大。3岁以后，儿童的生活发生了重大变化，开始上幼儿园了，这就意味着：孩子从只和亲人接触的小范围，扩大到需要接触更多的成年人和许多同龄人。

这一时期，孩子的身体比以前结实了，他不像以前那样容易生病，睡眠时间开始减少，精力也比以前充沛了很多。由于骨骼肌肉系统的发展，大脑控制调节能力增强，加上先前所学会的技能和取得的经验，能够掌握各种粗动作和一些精细动作。

语言的形成和发展使这个阶段的孩子已经基本上能够向别人表达自己的思想和要求，不需要成人过多地猜测他的意愿。

无意识模仿

3～4岁孩子的模仿性活动非常突出，他们模仿的多是一些具体的显性活动或动作。例如：在家里他们喜欢模仿大人的活动和动作，装模作样地打电话，有板有眼地翻看电话本，用成人的口吻接电话；学包饺子、擀面皮；模仿家人看书看报、写字画画等。再如语言上的模仿，接受了东西说“谢谢”，遇到不如意用“讨厌”，命令别人“你不该怎样怎样”。

总之，这时的孩子仿佛觉得自己已经长大了，有能力了，能做成人做的事了。别人做的事也会引起他的新鲜感，令他都想去尝试一下，模仿一下。因此，父母不可低估3～4岁孩子的模仿性，他们正是通过模仿来学习的，这也是这个年龄段儿童的主要学习方式——通过大量的模仿，他们尝试各种实验。

父母要特别注意，一定要做出好的模仿榜样，在孩子周围的成人的语言、声调、行为举止、爱好、姿势、习惯、情绪等无不被孩子模仿。例如：父母的饮食偏爱就会在无形中直接影响孩子，父母情绪无常，也会影响孩子情绪反常，不听规劝。

如果父母能有效利用孩子这个年龄阶段的模仿性，则能使他各种良好的行为习惯通过模仿学习而巩固。所以，成人要时刻检点自己，因为一些不经意的行为细节，常会被儿童模仿而形成种种不良的行为和习惯。

性格变化大

儿童的心理活动受情绪支配的作用很大，因为他们还不能用理智支配行动，而且行为受情绪支配，更多是无意性的，这时候儿童会表现为性格变化大。我们常说孩子变脸速度太快，其实指的就是这个。

一些孩子遇到感兴趣的事物或活动就会激发其积极的情绪，遇到一些孩子不感兴趣的事物或活动就会激发其消极的情绪。3岁大的孩子有时会哭闹，这就是情绪波动的表现。例如：明明吃完一块冰糕还要妈妈买，不买他就站在马路旁哭，坚决不走；看到一个并不可笑的人，孩子却笑翻了天，让大人难堪，却制止不了。

强烈的依恋情感

这个阶段的孩子有强烈的依恋情感，对经常和他生活在一起，经常照料他的亲人可能会依恋到时刻离不开他们。像在家对父母或对祖父母的依恋，一般在孩子刚入幼儿园时就会明显地表现出来，他知道自己要上幼儿园了，但情感上却舍不得离开他依恋的亲人。具体可能表现为大哭、拉着手不放，不许亲人离开等，这种依恋使父母很伤脑筋。我们认为依恋感受的产生是自然的，是儿童情感发展在这一阶段的一种正常表现，不要指责，也不要割断，可以通过父母和幼儿园双方的共同努力，从关心疼爱孩子出发，慢慢地度过他与亲人分离的焦虑情绪。

这个时候，父母要多关心孩子，尽量满足他的心理需求，渐渐地消除孩子的不安全感。在幼儿园里，可以用参加集体活动的乐趣，将孩子的注意力吸引过去，使他忘却孤独而投入新的环境、新的生活，变消极情绪为积极情绪。

热衷于反抗

3～4岁的孩子可以按大人提出的要求去行动了，但又不是大人说什么他就去做什么，常常是他自己总想寻找机会来表现自己的独立能力，所以一有机会就要采取独立的行动。这个阶段的孩子还不知道什么叫危险，什么叫不行。

一般情况下，对3岁孩子的一些独立行动，父母会采取事先限制或当时强行制止的方式，这时候孩子就会表现出情绪烦躁或有意反抗。例如：开始爱说“不”，不让动偏用手去摸等等。很多父母觉得这是孩子“不听话”的表现，实际却是冤枉孩子了，他的这种“反抗”会一直持续到4岁，因为孩子总想将已经获得的经验和认识在另一个环境里试一试，想要自主地行动。

对待3～4岁的孩子出现的反抗行为，重要的是理解和有条件地满足，理解儿童要独立行动的要求，尽量多地创造一些条件满足孩子做多种活动的要求，使孩子有事可做。这时候的孩子已不再满足于家里的狭小空间了，要使室内室外活动兼有、动和静的活动兼有、动手动脑的活动兼有，使孩子的生活不单调。孩子的活动要求得到了适当的满足，自然地，“反抗”行为就会较少发生。

一旦发生了反抗行为，成人不要对孩子急躁，更不要和孩子对抗，要耐心询问，设法创造条件去满足。例如：明明画画，爸爸看他画得不像就拿笔在他的画上画了一只大公鸡，孩子一下子就哭了。他本来因为没画好心里就不高兴，这时爸爸代他画出来了，他的能力更无法表现了，于是不良情绪就发作了。这时妈妈过来看了看说：“画还没画完呢，现在让明明自己来把这幅画画完，自己想一想还应该画些什么。”明明点点头，情绪也渐渐平稳了。这就是正确对待孩子反抗情绪的教育方法。

有强烈的好奇心理

3～4岁的孩子对新事物和新问题有着浓厚的兴趣，有“打破砂锅问到底”的特征，他们能以积极的态度对待成人教他做的事，并且有尝试独立做事的愿望。

例如：问一些类似太阳为什么东升西落，雪为什么是白色的，苹果为什么是圆的等看似简单新奇，却又饱含深刻道理的问题；拿到一盒新的拼插玩具，孩子会一边动手去摆弄拼插，一边也希望大人看着他拼插，有强烈的表现欲望。这种表现欲隐含着对大人赞许的期望，好奇而脆弱，简单而执着，但这种好奇、简单、脆弱、执着中，隐含着不可思议的创造性。

4～5岁孩子的身心特征

4～5岁是幼儿园中班的年龄。4岁以后，孩子的心理发展出现了较大的飞跃，主要是认识活动的概括性和行为的有意性明显地开始发展，表现为自我意识萌发，希望独立。

自我意识逐渐发展

行为意识发展。4～5岁的孩子，行为的有意性明显增加，集中精力从事某种活动的时间会比以前延长，他们能接受成人的指令，完成一些力所能及的任务，在家里能够收拾自己的玩具，并能帮助家人收拾碗筷、折叠衣服等，已经出现了最初的责任感。

学习控制自己的情绪。4～5岁的孩子情绪比3岁之前更加稳定，他们的行为受情绪支配的比例逐渐下降，开始学着控制自己的情绪。例如：当他们想玩别人手里的玩具时，不会再像2~3岁时那样伸手就抢，得不到也不会大吵大闹，而是开始能够听从大人的要求，并用语言劝慰自己："不是自己的玩具，不可以抢。"当然，他们并非对所有的事物都能调节好，对特别感兴趣的事物仍然会受到情绪的支配，甚至还会出现情绪"失控"的现象，不顺心时仍会大发脾气。

理解能力逐渐增强。4~5岁的孩子对事物的理解能力开始增强。在时间概念上，能分辨什么时间该做什么事情；在空间概念上，能区别前后、中间、最先、最后等位置；在数量上，能自如地数1~10；对物体类别的概念也有了初步的认识，会区分轻重、厚薄、粗细等；部分孩子还能分清左右，能把物品从大到小摆成一排；初步理解简单的因果关系，能够明白像种花若不浇水，花就会枯死的道理。

思维具体形象

依赖具体形象进行思维。4~5岁的孩子，需要依赖大脑中的具体形象进行思维。例如：计算物体的数量，虽然可以不用手指直接点着去逐个地数，但是必须在头脑中想象出物体的形象，而不能仅凭借抽象的概念思考，他只知道3个苹果加2个苹果是5个苹果，却无法用抽象的概念计算3加2等于几。孩子的思维方式是非常具体的，是按生活习惯等实际逻辑进行思维，而不是按某种概念进行概括。

对于自己不理解的语言，也常常依靠自己的具体生活经验去理解，有些时候，父母觉得孩子应该是听懂了，但是他理解的，可能完全不是大人原来的意思。例如：在念儿歌，"一滴水，不起眼……"的时候，原本的意思是说一滴水虽然显得很少，但很宝贵。孩子们都跟着背诵，但是幼儿园老师会发现很多孩子每次念到这句话时，都会指指自己的肚子，经了解才知道，孩子们把“不起眼”这个比较抽象的形容词理解成了“肚脐眼”，因为这对他们是具体的。

能独立表述生活中的各种事物。4～5岁的孩子已经能清晰地和人交流。随着词语的丰富积累，他们也越来越喜欢与家人及同伴交谈，能够独立地讲故事或叙述日常生活中的各种事物，但有时讲话会断断续续，因为他还不能记清事物现象和行为动作之间的联系。他们还会根据对不同对象的理解水平调整自己的语言，例如：对小妹妹说“爸爸走了”，对妈妈说“爸爸去商店买吃的东西了”。有时他们也能表述相当复杂的句子：“我还没来得及把蛋糕放在桌子上，小红就把它吃掉了。”

规则意识萌芽，是非观念较模糊。在集体生活中，4～5岁的孩子不仅开始表现出自信，而且规则意识萌芽，懂得要排队洗手、依次玩玩具等。当他们与人相处时，表现得有礼貌了，会主动说“谢谢”“对不起”等。但是，这个阶段的孩子是非观念仍很模糊，喜欢接受表扬，只知道接受表扬的是好事，听到批评会不高兴或感到很难为情，因为他知道受指责的是坏事。

希望独立的意识

开始接受任务。4～5岁的孩子由于思维的发展，理解能力增强，开始能够理解任务的意义，特别是心理活动有意性的发展，孩子行为的目的性、方向性和控制性都有所提高。在日常生活中，4岁以后的孩子对自己所担负的任务已经表现出最初的责任感，能够理解值日工作是自己的任务，对于自己或他人完成任务的质量开始有了一定要求。

独立组织游戏。因为游戏很具体，有角色，有人物，有实际的玩具和实际行动，所以是最适合幼儿心理特点的活动。游戏的要求不像上课或劳动那么严格，孩子在游戏中可以自由活动，任意发挥自己的想象力，随时按自己的意愿休息或改变动作。在游戏中还可以通过自己的活动满足好奇心和求知欲，认识物体的性能，体验人与人之间的关系。

这个阶段的孩子不但爱玩，而且会玩，他们能够自己组织游戏，自己规定主题。他们不再像小班时那样，出现许多平等的角色，而是会自己分工，对于安排角色也开始有了独立意识。游戏的情节也比较丰富，内容也开始多样化：在沙池里玩沙，能够发展起钻地洞的游戏；搭积木时，搭好“动物园”后，开始玩动物园的游戏……在游戏中不但会反映日常生活中的事情，还经常反映影视剧里的故事情节。

不再依赖成人。在游戏中逐渐结成同龄人的伙伴关系，他们不再总是跟着成人。这个阶段的孩子会用更多的时间和小朋友相处，一同游戏，只有遇到困难的时候才会求助于成人，或是请求帮助解决活动中的实际障碍，或是请求判断是非，有时则是要求成人对他们的成功加以肯定，独立意识明显。

可见，从4～5岁开始，孩子的人际关系发生了重大变化。同伴关系开始冲破了亲子关系和师生关系的优势，从主要是和成人的关系，开始向同龄人关系过渡。当然，这时的同伴关系还只是最初级的，结伴对象很不稳定，成人的影响仍然远远大于小朋友的影响，但是这个阶段正是孩子自主意识萌发，独立意识开始形成的时候，父母一定要给予孩子正确引导。

5～6岁孩子的身心特征

5～6岁是幼儿园大班的年龄，也是即将进入小学的年龄，是新的特点继续巩固和发展的时期。这一时期，孩子心理活动的概括性和有意性表现得更为明显，感情相对稳定，更加渴望得到关爱。

抽象思维发展

充满好奇心。5岁以后，孩子的好奇心和以前不同了。他不再满足于了解表面现象，而要追根问底。孩子在这个阶段有强烈的求知欲和认识兴趣。

他们开始喜欢学习，愿意上课，学到一些新的知识或技巧后，会感到满足，而且开始喜欢对别人讲自己感兴趣的话题。在课堂上，他们喜欢各种新课，喜欢一些动脑筋的活动。例如：计算活动、编故事或参与其他的创造性活动；在课外，他们开始热衷于下棋、猜谜，或做各种智力游戏。

抽象意识萌发。5～6岁儿童能够掌握如“左、右”等比较抽象的概念，不再需要以具体事物作为左、右的标志，对因果关系也有所理解。例如：他们能够懂得物体浮沉的原因，针是铁的，所以会沉到水底；火柴是木头棒的，就会浮着……在讲述中能够运用“因为……所以……”这一类的连接词，能够连贯地，条理清楚地独立进行讲述。

开始掌握认知方法。5～6岁的孩子出现了有意地自己控制和调节自己心理活动的方法。在认知活动方面，无论是观察、注意、记忆或是思维和想象过程，都有了方法。

例如：在观察图画时，5岁以后的孩子已不再是胡乱地看，而是能够按照一定方向依次扫视。由于孩子已经掌握了一定的对比方法，能够把图形或图形的相应部分一一对应地进行比较。但是，由于还不能掌握正确的方法，观察往往带有很大的偶然性，遗漏较多。

感情相对稳定

个性初具雏形。5～6岁幼儿的心理活动已经开始形成系统，开始个性的形成过程。各种心理活动互相紧密地联系起来，先前的心理活动形成的态度，影响着后来的心理活动和对事物的态度。心理活动系统的方向开始逐渐稳定。这一阶段孩子的心理活动，不再是孤立的零碎的，总是在心理系统支撑下活动，每个孩子都有各自的特色。不过，应该着重指出，幼儿时期所形成的，只是个性最初的雏形，其可塑性还很大。

感情相对稳定。5～6岁的孩子，情感虽然仍会因外界事物的影响而发生变化，但是，他们情感的稳定性开始增强，大多数孩子能在幼儿园里有相对稳定的好朋友。他们开始能够有意识地控制自己情感的外部表现。例如：摔痛了能忍着不哭，别人的玩具自己想玩也不去抢，能把自己的玩具分享给小伙伴一起玩等。

此时，孩子由社会需要而产生的情感也开始发展。例如：当自己的表现或作品被忽视时会感到不安，而让他们照顾比自己小的孩子时会表现得很尽职等。

渴望得到关爱

5～6岁的孩子有很多的情感需求，父母在这一时期要满足孩子的各种情感需要，才能让孩子的人格得到健康发展。

需要他人的关爱。父母要时常鼓励、赞扬孩子，亲切温和地了解孩子的需求，对孩子正当的要求尽可能地满足，要让孩子体会到父母是爱自己的。

需要取得好成绩。孩子若总是在体验失败，就会打击他的自信心。父母对孩子的要求不要过高，以免孩子完成不了而灰心丧气，还要在对孩子提出要求时，考虑孩子的特长，使孩子能够在某一方面取得进步或是好成绩。

需要集体感。孩子喜欢和其他小朋友一起玩耍，他在集体中能得到快乐，若长时间让孩子独处，他的情绪可能就会压抑。父母应该多为孩子创造一些参加集体活动的机会，让孩子体会到集体带给自己的快乐。

需要自尊。父母不要硬性规定孩子学什么，做什么，玩什么，应该激发孩子主动地动脑去想、去做，并在这一过程中增强责任感。孩子若是有了进步，父母应及时做出肯定和鼓励。

需要摆脱过失感。有的孩子做错了事或是经历了几次失败，就会失去自信，精神不振。父母这时应该舒缓孩子的情绪，帮其分析失败的原因，心平气和地对待孩子的过失，让孩子明白，人人都会犯错，只要改正了就是好孩子。

需要克服胆怯。孩子对身边出现陌生的事物感到胆怯时，父母不要强行催促孩子去接受，而是应该有意识地引导孩子慢慢地接受。对孩子害怕的事情，父母要向孩子科学地解释，以消除孩子心里的恐惧。

情感的建立会形成一种无声的教育动力，情感过程也是相互影响、相互作用的过程。父母心里有孩子，孩子就愿意和父母在一起，就会产生浓厚的亲切感；父母尊重、理解、关心孩子，孩子就更加尊敬父母。

6~7岁孩子的身心特征

7岁的孩子，大都进入了学校学习，成为一年级小学生。成为小学生后，随着幼小衔接的适应，他们会逐渐了解小学校园的环境，开始把注意力放在有节奏的学习生活中来。正因为小学生活与幼儿园相比，有着更严格的课堂秩序要求，另外，绝大部分小学都会安排课外作业，使孩子的生活从此少了一些无拘无束。这个阶段的孩子情感虽然趋向稳定，但是内心充满矛盾，而外在的行为也会呈现两极分化。

自我意识开始逐渐强烈

认知能力提高。由于6～7岁孩子认知能力的不断提高，以前凡事都对大人言听计从的现象开始有明显的变化。例如：常有父母反应，说自己的孩子开始学会顶嘴了，越让干什么越不干。其实，孩子拥有自我意识本身并不是坏事，就看父母用什么样的观念去看待孩子自我意识的发展。父母如果能认真倾听孩子的心声，让孩子愿意说出他内心的真实想法，会更有助于了解孩子。例如：有些父母在孩子放学回家后，要求孩子必须先完成作业，但是孩子却非要先看动画片，或者去户外活动，这时父母如果不同意，非要坚持让孩子写完作业才能做其他的事，就会看到孩子尽管听从了的安排，但在写作业的过程中常会边写边玩儿，或者磨磨蹭蹭。

反抗意识明显。在传统的家庭教育观念中，让孩子听话仿佛成了不变的法则，但如果把这条法则拿来应对6～7岁孩子的话，可能不仅起不到效果，反而还会令孩子养成很多坏毛病，坏习惯。

这一时期，父母首先要给孩子自己做事的权利，明确告诉孩子，好孩子如果每天总让大人指挥做事，会很被动，要学会自己主动安排事做，即使你不会做某事，也可以寻求父母的帮助，这才是长大了的表现。其次，要教给孩子做事的方法，结合具体的事给孩子有步骤地做演示，然后让孩子独立去做，这样做，不仅能让孩子体会到自己独立做事成功后的喜悦，更利于培养孩子的独立性。

内心矛盾行为两极分化

内心充满矛盾。6～7岁孩子随着认知能力的提高，自主意识逐渐变得强烈，他们会出现顽固、自负、蛮不讲理等特点。其实，孩子这么做只是为了建立和增强自身的安全感，因为，他现在处于很容易受到伤害的敏感期，不只情感上特别容易受到伤害，他的身体好像对疼痛都格外敏感。

最大的矛盾是孩子与父母的关系也游走于两极之间，他既深深地依赖着父母，同时又尝试着要自己站起来，心理上不希望依赖任何人。因为没有足够的安全感，他在感情上有极大的需求，非常需要父母不断地保证爱他，却又一不如意就拿父母做出气筒，专门和父母作对。

心理冲突作用于身体感受。因为心理冲突，孩子的健康状况也会走入低谷。他很可能会时常抱怨胳膊疼、腿疼、肚子痛、脖子酸等等。而且，孩子的黏膜组织在这个阶段很容易感染，鼻子、耳朵、眼睛、喉咙，都比其他年龄段的孩子更容易出现发炎症状，孩子也很容易感到疲倦。

还有，这个年龄段的孩子会显得笨手笨脚的，时常跌倒、碰伤，而且，孩子对这些伤痛也似乎特别敏感，拔下手指尖上的一根小刺都会疼得哇哇大叫，虽然在父母看来可能有些夸张，但是孩子的疼痛感觉却是真实的。

尽管孩子也有快乐的、生气勃勃的时刻，但是这个阶段的孩子往往什么事都往坏处想，记性不佳，容易分心，做起事来磨磨蹭蹭。对帮忙做家务也不感兴趣，别人要他做什么事时，他往往半天不回答，也不行动。他的生活充满了感伤的基调，他会觉得别人不喜欢他，有意找他麻烦等等。父母除了对此需要表达理解外，要懂得这是孩子成长的必然阶段，不必在意孩子的抱怨。

行为两极分化。6～7岁的孩子也具备叛逆期的特点，尽管自主意识强烈，但是也常常会表现出内心矛盾，行为两极分化。例如：对某样玩具，可能在转瞬间就突然由爱不释手变得讨厌无比。孩子内心世界的中心不再是父母，而是他自己，他希望事事按自己的意愿去做，因此对父母常常“抗旨不遵”。他们可以在学校里做一个模范生，回到家里就会变成一个小恶霸。他们开始做什么事都争强好胜，难以忍受任何失败。

这个阶段的孩子非常希望找到自己可以模仿的榜样和偶像，父母、老师、同学都可能担任这样的角色。所以，父母要率先做好自己，成为孩子的榜样与偶像，并且陪伴孩子找到属于自己的榜样与偶像，利于他们仿效成长。同时记住，一个正确的榜样与一个错误的榜样是具有同等威力的，所以父母甄别和引导的能力尤为重要。

7~8岁孩子的身心特征

人们常说“七八岁狗也嫌”，父母往往可以看到，孩子到了七八岁的时候，总是会做出一些让人讨厌的事情。

讨人厌的阶段亦是心理关键期。其实，在孩子七、八岁之前还有一个讨人厌的阶段，那就是两三岁时的第一反抗期。这两个时期虽然是孩子最讨人嫌的阶段，但也是孩子心理形成最关键的几年。这个阶段的孩子做事开始谨慎，性格不再像6岁时充满矛盾，性格开始进入安静内敛的阶段。

强烈的自主意识

心理满足感。孩子三岁的时候已经有了自己的意识，如果想要什么却没有得到满足，就会一直哭闹，照看孩子的父母经常会被气得没辙。好不容易熬到孩子上了小学，原本以为可以轻松一点，没想到孩子却进入了“狗也嫌”的年纪。这时候的孩子倒是学会了明确表达自己的想法，不再用哭闹解决问题，但也学会了跟父母顶嘴，让父母无可奈何。

当孩子顶嘴时，父母千万不可打一顿了事，而应该去了解孩子顶嘴的原因，适当引导孩子发泄情绪，做一个想孩子所想的父母。

自我意识明确。7～8岁的孩子已经有了很明确的自我意识，好奇心和独立活动能力大大增加，希望能够表达出自己的想法，很多时候甚至会为了显得与众不同而刻意与大人作对。例如：大人让他吃饭，他偏要去玩；让他好好坐着，他却会变本加厉地在椅子上摇摇晃晃……这类事情层出不穷。其实，这时候孩子所有的叛逆信息都是试图告诉别人“我长大了，我有自己的想法了！”

性格安静内敛

建立是非观念。7～8岁的孩子充满活力，喜欢冲上去迎战一切困难和挑战。但是，他们对自己对别人的要求都忽然变得严格起来，甚至可以说是苛刻，这种“审视”也使得他们对自己力所能及的事有相当准确的判断。这个阶段，孩子开始建立起是非观念，开始明白事情与事情之间的因果关系；非常愿意做好孩子，愿意把事情做好，愿意遵守规矩。他对好与坏的观念，不再局限于父母是否允许这样做，而是根据他萌芽的因果逻辑关系，初步建立起了是非观念。

思维开始丰满，性格变得谨慎。7～8岁的孩子对“对与错”的看法已经不再是单纯的“好与坏”的两极，他的思维开始丰满起来。例如：很在意自己对自己的评价，也更在意别人对他的评价；会竖着耳朵听大人聊天时怎么评价他，或者揣摩他们说话时的脸色；非常希望得到别人的认可和夸奖，对别人的批评则非常敏感。当他受到指责批评时，他往往先找理由或者先责怪别人，好让自己容易承受些。

情感信赖。7～8岁的孩子是情感上最需要妈妈的年龄。这个阶段的孩子非常需要分享他的思考、幻想、对话、游戏。他总是喜欢和妈妈在一起，包括一起劳作、玩耍、聊天、读书，这让他觉得他“全部占有”着妈妈。

而这个时候的妈妈无论怎么忙，每天都要至少抽出半小时左右的时间，全心全意地满足孩子“全部占有妈妈”的心理需求，这会帮助孩子顺利度过对妈妈的心理依恋期，为孩子坦然走向9岁的独立打好基础。

敏感而内敛。7～8岁的孩子对父母之间的关系很敏感。他开始对家里发生的事关注起来，包括关注大人的电话、信件、闲聊，试图找到自己在家庭中的位置。他很喜欢和同龄的孩子玩，喜欢和同性别的孩子玩。这时的友情是真正的双向友情，因为他不再单纯地以自我为中心，而是开始留意别人怎么做怎么想。这时的孩子不但愿意为别人效劳，也希望别人能像他一样愿意回报他。孩子性格开始走向内敛。

那么，父母要怎么面对“狗也嫌”的孩子呢?

学会做孩子的朋友

这个年纪的孩子已经有了自己的交际圈，有很多同学和朋友，他们希望自己与父母处于平等的地位，而不是依然处于“被统治”地位。父母要尽量避免命令孩子做这做那，而应该放下身段，学着做孩子的朋友。当孩子帮忙做了一些事情的时候，不妨对他说声“谢谢”。

肯定孩子的进步

虽然此阶段的孩子非常淘气，但他只是希望用特别的方式来获得父母的注意。他们的内心非常渴望得到肯定，父母应该多多注意孩子的行为，一旦有了进步，就要及时给予肯定和鼓励，这也有助于孩子快速走过“狗也嫌”的阶段。

用“对着干”来引导孩子

此时的孩子最喜欢与父母对着干，父母不妨利用这一点，也试着与孩子“对着干”。例如：当孩子不好好坐着吃饭的时候，你不妨对孩子说：“我敢打赌，不管你长多大都不能好好坐着吃饭。”孩子可能就会马上坐好，开始认真吃饭，然后还会得意地说：“你说错了吧？”父母采用这样的做法时，要注意自己的语气，千万不要生气地呵斥，最好用温和的、玩笑的方式来进行。

总之，7~8岁的孩子总是试图通过各种方式来显示自己是个大孩子了，但是他们开始变得敏感，性格也趋向内敛，父母应该多理解孩子，多给他们一些宽容，让他们在一个宽松的环境里快乐成长。

8～9岁孩子的身心特征

8～9岁的孩子大都已读小学三年级，他们不再感觉学习是非常难的事，对待学习的态度和学习的积极性有了明显改善。当孩子在学业上得到极大解放时，情感发展也随之产生了可喜的变化。我们经常可以看到孩子思维越来越活跃，表达上越来越流畅，愿意就很多事和父母或者伙伴展开交流探讨。这个阶段的孩子性格走向相对成熟，参与感越来越强。

性格趋向成熟

儿童自我发展特点。8～9岁孩子的自我发展从理论上来讲，应该发展到了一个相对较高的阶段，在认知方面、行为表现方面、对待他人评价方面、对待学业的态度方面等都有不错的表现。这与孩子第二反抗期基本快要结束有着密切的关系。如果说之前孩子的要求得不到满足就会闹情绪要无赖，那么经过两年的成长和接受的各方面教育，到了8~9岁，孩子的自我意识就已经有了明显的分化。

抽象思维发展的影响。一部分孩子在抽象思维得到良好发展的前提下，往往能合理地接受他人的意见和建议，也能换位理解体谅他人。但部分孩子由于得不到良好的教育和培养，抽象思维、换位思考等好习惯、好品质没有得到坚持，往往会导致认知出现障碍，阻碍儿童正常认识自我，即只要我个人得到满足就可以了，不去在乎别人的评价。

参与感强烈

8~9岁的孩子具有很强的参与意识，平时父母必须要充分重视孩子的家庭责任感和集体责任感的教育和培养。家里的大事小情，可以认真地讲给孩子，让孩子说出自己的想法，并参与其中。当孩子说出自己的想法后，只要建议合理，是可以采纳的。当孩子看到自己的意见被采纳了，往往会有一种成就感，这对培养孩子成熟的性格具有积极的意义。

意志品质发展

意志品质一般包括自觉性、果断性、自制性、坚持性。

自觉性的发展。一般8~9岁的孩子都有自己的想法，一旦想法得到肯定就会付诸行动。但是，孩子的想法是否合理？如果合理，父母就要鼓励孩子大胆去做；但如果不合理，就需要父母加以引导和教育了。例如：孩子经不住游戏和动画片的诱惑，往往优先考虑的是怎样实现自己的动机，而这个时候，就需要父母根据平时制定的电脑使用规则和看动画片的时间约定来要求孩子遵守并执行了。

父母在这一阶段要有意识地培养孩子的自觉性，及时发现孩子行为的动机，通过合理的引导和鼓励，再加上家庭规则的约束，才能让孩子逐渐养成有规律的生活节奏。通过不断地巩固和强化，让孩子不盲从，不固执。

果断性发展。果断性与认知发展有密切的关系，这是一种明辨是非，并且迅速做出判断的瞬间性心理活动。例如：有的孩子在和小伙伴一起玩耍时，其他人有破坏公共财物，影响公共秩序的行为，如果孩子缺乏这方面的认知，不加以思考就盲目跟从了，用不了几次，孩子也就习惯于那样做了。

类似的情景还有很多，这往往与父母平时过多地替孩子决断有关系。很多父母在日常生活中根本不会让孩子自己去做决定，当你真正给孩子决定权时他反而不会用了。

自制性的发展。8～9岁的孩子能否自觉、灵活地支配和控制自己的行为，完全取决于之前父母对孩子进行的好习惯和好品质的培养。例如：孩子去完成某个任务，如果父母平时认真培养孩子的自觉性和果断性，此时，孩子所表现出来的则是动脑筋，用自己的行为方式去完成一件事。最常见的就是时间自我管理、学习计划管理和户外玩耍时的管理。如果父母总感觉孩子根本管不住自己，不肯理性地放手，孩子始终在父母的掌控之下无法获得相对的自由，自制性根本得不到发展。

坚持性的发展。8～9岁是孩子做事的坚持性发展的初期发展的末端，如果父母此时仍然不重视培养孩子做事的坚持性，再往后就不容易着手了。

在培养孩子好品质和好习惯的过程中，父母能否坚持始终最为关键，如果父母轻易放弃或随意找理由逃避教育责任，孩子就会钻空子。所以，父母需要有危机感，必须要清楚，培养孩子的好品质，绝不是轻而易举的事，有时可能要坚持几年或者十几年，才能让孩子在做事的时候能够持之以恒。

这一阶段的孩子性格趋向成熟，对家庭和集体中的事情有极强的参与意识，父母要因势利导，引导孩子平稳渡过第二个反抗期。

9～12岁孩子的身心特征

9～12岁的孩子基本处于小学四至六年级阶段，处于各项生理、心理发展的关键阶段，身体发育开始进入第二发展期。此时，他们的身高、体重明显增长，肌肉、骨骼的力量也在迅速增强。心理也随之发生很大的变化，孩子之间的性格差异显现，开始疏离父母，渴望有自己的一片空间。

自我意识发展

自我认同感。从这个年龄段到青春期，是自我意识变化的急骤阶段，按照精神分析理论，是本我与超我之间的公开宣战，孩子想要获得一种“积极的自我认同感”。具体表现为喜欢打扮自己，看重荣誉感，不愿意违反规则，十分重视约定事项等等，形成一套比较系统的是非观。在某种程度上，自我倾向比较明显，喜欢摆理由讲道理，会对老师和父母不公正的处理表现出不满，提出反对意见。

自我反思。这个年龄段的儿童开始进行自我反思，评估自己拥有什么，欠缺什么；思考人应该是什么样的，应该变成什么样的；会和同龄人产生攀比、竞争的意识；会对自己的伙伴进行挑选，从低年级的大群体圈转向小群体圈，确定准确朋友关系的倾向更加浓厚。

外界因素影响孩子的自我认知。许多学者都研究了小学生自我意识的影响因素，发现父母情感的温暖和理解可以促进孩子自我意识的增强，而父母过度干涉和保护则会使孩子的自我意识感下降。父母、老师、同学对孩子的表扬或批评会逐渐影响他的自我思考，阻碍较高的自我概念的形成。学业水平低也会使孩子对自己抱有消极态度，这种负面的影响会让孩子产生焦虑感、压力感，情绪起伏大，产生心理问题。

疏离父母

叛逆心理。这个年龄段的孩子随着生理的发育，大脑机能增强，思维方式、思维广度逐步增多，再加上学识的增长和对社会与外界的关注，会让他们产生一定程度的“成人感”。他们会觉得自己可以像大人一样看待世界，于是就渴望自由独立，想自己决定一切，对于阻碍自我意识发展、自我行为发生的一切外界因素，如老师的劝说、批评和父母的提醒、督促，都认为是一种约束，一种对自己自尊心的伤害，会表现出强烈的反感甚至反抗情绪。

开始疏离父母。从此年龄段到青春期，不再像之前那样依赖父母，与父母的交流逐渐减少，有了很多自己的小秘密，很多事情不愿意和父母说，而更愿意向同伴倾诉。有研究表明，在小学阶段，六年级的学生叛逆心理最为显著，加上毕业班面临的升学压力，情绪波动大，在学校里会表现出一种莫名的躁动，不听老师的话，总是按照自己的想法行动。课堂上沉默寡言，作业敷衍了事，喜欢一个人独处，不愿意敞开心扉。在家里容易因为小矛盾与父母争吵，对父母的唠叨感到厌烦，或是对外界表现出一种消极态度，开始疏离父母。

性格差异显现

9～12岁的孩子性格独立疏离。当孩子进入九岁，他们之间的差别也就越来越多，随着年龄的增长，孩子之间的差异也越来越大。在向少年期转变的过程中，孩子的独立意识开始增强，不再满足于单纯地听老师讲课，也不满足于只接受课堂教学，开始爱看课外书，对社会现象、自然现象发生兴趣。这也是孩子自信心形成的关键时期，有的孩子能在别人的评价中发现自身的价值，对自己充满信心，有的则容易出现自负心理，当他们逐渐走向成熟之后，就出现了明显的性格差异。

对此，父母首先要调整自己，以适应完全不同的孩子。每个父母都觉得自己的孩子是最棒的，而到了三年级，父母必须接受孩子平庸的事实，尤其是在学习方面，千万不要以过高的标准严格要求孩子，因为孩子的天赋不同，所以学习方面也存在很大的差异。而且，孩子随着自我成长经验的积累，变得独立，而不再依赖他人，他们更加关注自己，希望安排自己的生活。所以，父母一定要及时调整心态，不论孩子多大，变成什么样子，他们都是我们最爱的孩子，一直长不大的孩子。

9～12岁是孩子步入青春期的过渡和衔接阶段，这个时期的孩子变得非常敏感，他们在生理、心理上都会发生很大程度的改变，逐渐向成熟化发展，对于外界和自我的感知能力增强，也非常容易受到很多外界因素的影响，容易产生较大的情绪波动。父母和老师在此阶段要加强对孩子正向的沟通引导，同时要给他留有一定空间，进行一定程度的自我认知调整，使孩子的身心向积极的方向发展。这个阶段也是孩子各方面能力提升的关键时期，父母和老师要帮助孩子树立起正确的价值观，发现孩子的兴趣和优势，特别是能力的培养要有所加强。

了解孩子的性格类型

爱因斯坦说："优秀的性格和钢铁的意志，比智慧和博学更重要，智力的成熟，很大程度上是依靠性格的，这点往往超出人们通常的认识。"性格决定命运，命运决定人生！性格对一个人的影响很大，尤其青少年时期是孩子的性格形成阶段，这个时候对孩子性格的培养则至关重要。因此，父母要牢牢抓住孩子性格形成的时机，别因自己的错过，影响孩子的一生，更让自己留下难以弥补的遗憾。

你的孩子属于哪种性格？

尽管我们知道拿孩子进行比较是不好的行为，但父母一定避免不了将自己的孩子同别人进行比较。如果你的孩子太调皮，你一定会羡慕别人的孩子乖巧，并且希望自己的孩子也能那样安静和易于管教。但父母要懂得，对不同的孩子有相同的期望是错误的，因为每个孩子都有与生俱来的个性，而每种个性都有着成功的可能，关键在于父母如何发掘和引导孩子的个性。那么，你是否了解自己孩子的个性？你的孩子又属于哪种性格呢？

从宝贝呱呱坠地那天起，他的性格，他内在的个人特质，就开始通过他的睡姿、哭声等各种行为表现出来。这时候，父母要耐心地读懂孩子的肢体语言，因为它们往往暗示了你应该如何引导他。孩子的性格大致可以分成四种类型。

较真型

我们常常会看见很较真儿的孩子，在他们本来无忧无虑的年纪里，却很难快乐起来，除非他能把所有的事都做得非常完美。例如：一幅画没有画好，就不再画画了；一个字没有写好，就发脾气不写作业了；打羽毛球时有一个球没有接住，就拒绝玩下去等等。

父母没办法对一个较真儿的小孩说“放松一些”，因为他们还太小，不懂得如何放松。对这样的孩子，最好的办法是，将事情变得简单。请他将困难的事情分成几个阶段去做，在开始之前对他说，“这将是一件很难完成的事情，我们先试着做半小时，不行再重做。”

另外，幽默和微笑也是让孩子放松的有效方法。父母时常在孩子做事的过程中扮成卡通人物逗逗他，或者给他讲一个轻松幽默的笑话，会让他慢慢地学会享受过程，而不是单纯地追求结果。较真儿的孩子紧张情绪比较多，所以常常逗他开心，情况慢慢地就会有所改观。

◆ 优势

较真儿孩子的父母虽然比较累，但却不用担心他成为同伴压力的牺牲者。因为较真儿的孩子，尽管也会犯错误，但他们在做每一个决定之前都会思考很多。这样的孩子，长大后很容易在自己选定的职业中取得很高的成就。

害羞型

生活中害羞的孩子并不少见。家里来了客人，就不会再见到孩子的身影，等送走了客人，就会发现孩子一定躲在某个角落里；犯了错误还没等父母批评，自己就先委屈得哭起来；在公共场合，一定会躲到妈妈身后，不敢和别人说话，也不敢和其他小朋友一起玩耍……

害羞是最容易被误解的一种性格，但害羞并不意味着胆小，大部分害羞的人和其他人一样自信，只不过他们显得更安静一些。要想让害羞的孩子走出封闭，需要让孩子感觉到舒服，让孩子在心理上感觉到安全和自在，才不会有害怕的感觉。

父母可以先安排他参加一对一玩耍的游戏，再慢慢地变成小团队活动。在活动中，父母要成为孩子的精神支柱，但不能让他一直依在你身边，让孩子慢慢学会独自融入自己的圈子。但父母千万不要操之过急，逼一个天性害羞的孩子参加大规模的活动，这样做只会让他变得更加敏感和封闭。无论什么时候，都要让孩子自己决定要不要加入一个大群体。

◆ 优势

害羞的孩子习惯站在拥挤的人群后面，但这并不代表他躲在自己的世界里。事实上，害羞的人可以是个很冷静的观察者，可以发现很多常常被外向性格的人所忽视的细节，他们通常也都是很好的倾听者。

散漫型

对于自由散漫型的孩子来说，在考试中得高分可能是件非常容易的事。但是，我们却常常发现这类孩子对什么事都漫不经心，临时应付，从来不做认真对待。虽然孩子非常聪明，但是对什么都是无所谓的态度，这常常会让父母感到头疼，会觉得这样的孩子不能对自己的所作所为进行认真的思考。

父母最大的担心就是害怕孩子会虚度一生，所以常常给孩子过大的压力。但这样做的效果并不好，因为这容易伤害孩子的自尊。更好的办法是，父母和孩子一起规划一些有建设性的事情。例如：让孩子参与竞选班长等，这样的工作可以充分发挥孩子的能力，并让他得到更好的自我肯定，也会促使他开始认真对待取得的良好成绩。同样，如果学习优秀能够有助于孩子进入更好的班级或团队，相信他也会从主观上更认真地对待学习。所以，面对散漫的孩子，不妨为他设计一个目标，让他有努力的动力。

◆ **优势**

不做准备，临时应付是需要很大自信的。自由散漫型的孩子活得更自我一些，因为他们从来不被生活和压力所累，而是坦然接受生活。恰恰是这种没有压力的状态，使得他们有时反而更容易把事情做得更好。

好动型

好动型的孩子就像是永远不知道疲惫似的。小林的妈妈说，跟四岁的小林一起生活就像是养了一只充满活力的兔子，每天带他都觉得筋疲力尽，但他永远不知疲倦。

希望自己的孩子和别的孩子一样乖巧听话，对孩子来说是不公平的，因为他们生来就各不相同。经常批评孩子，只会让孩子自我感觉很差。同样，也会让你自己有种强烈的挫败感，因为强迫孩子做违背天性的事只会适得其反。父母要接受和宽容孩子这种精力旺盛的事实，并找出对策。例如：当孩子放学回家后，先让孩子在小区里玩一会，然后再让孩子坐下来完成作业，会收到很好的效果。

◆ **优势**

这些小时候好动得让父母们发狂的孩子，长大后却往往能给父母带来惊喜。因为这类孩子非常顽强，不管遇到多大的困难，都会勇往直前。

不管自己家的宝贝属于哪种性格，父母一定要充分了解孩子，正确面对孩子的优点和不足，培养孩子良好的兴趣爱好，并加以正确引导，相信自己的孩子一定会成为一个积极向上的人。

做一个理智的父母

孩子总会向父母提出一些合理的或者无理的要求，很多父母可能会选择最大限度地满足孩子，但当孩子提出无法满足的无理要求时，父母就要保持理智，坚决对孩子说“不！”。孩子也会从父母坚决的态度上，知道这件事是真的不能做，从而放弃自己的要求和试探。父母能理智地面对孩子，可以培养孩子理智地面对自己的各种要求，进而成为一个理智的人。

做一个耐心的父母

当你在单位面对繁重的工作，回到家里只想安静地休息一会儿的时候，孩子可能正在没完没了的哭泣；当你精心准备了一顿晚餐，希望孩子可以均衡营养，可他却一口都不吃时；当你有一大堆事情要等他睡着后再做，可他却拼命地缠着你，无论如何也不肯睡觉时……这样的感觉可能会有些让人崩溃。可是作为父母，只能拼命压制着自己的怒火，心平气和地对待孩子。父母的耐心，直接影响着孩子承受能力的培养。

做一个说话算数的父母

在很多父母的观念里，孩子还小，什么都不懂，所以说话可以随意敷衍，甚至很多父母在孩子哭闹时答应的要求，转身就不再兑现。殊不知，这样的结果，是在一步步造就一个会说谎话的孩子。

做一个说话算数的父母，一方面可以获得孩子的信任；另一方面也能树立父母言出必行的威信，避免孩子因侥幸而无理取闹。例如：答应孩子在他改掉乱扔玩具的坏习惯之后，就带他去游乐园玩。这也许是个长期的过程，可能要一两个月才能看到的效果，但当孩子把坏习惯完全改掉之后，父母就应该兑现去玩的承诺，否则你这就是在告诉孩子，凡事可以说谎话，说话也可以不算数。

做一个不强迫孩子的父母

很多父母有可能受传统观念的影响，为了在孩子面前树立威信，常在孩子面前表现出霸道的一面，想要让孩子言听计从。但是有些父母可能忽略了孩子也是有独立思想的个体，对任何人的要求，他都不可能全部听取。所以，我们更无权要求孩子事事都按照自己的意愿来做，即使你是为了他好。如果父母一味强迫，结果只能适得其反。

在父母的正确引导下，让孩子按照自己的意愿行事，只要是正确的，孩子不但开心、乐观，还能养成独立、有主见的性格。

做一个宽松的父母

有时，孩子会对某件事很感兴趣，你不让他做，他偏执拗地一定要做。这时，父母不妨给孩子一点选择的权力。例如：当孩子很小的时候，会对任何事物都充满好奇，会把家里的抽屉、柜子翻个遍，而父母越是制止，就越能勾起孩子的兴趣。那么，怎么做才是对的呢？父母要告诉孩子，乱翻抽屉是不好的行为，如果实在要打开的话，就建议他每次打开之后，要把抽屉关好，拿出来的东西，看过或者玩过之后，要重新放回原来的位置。这样做，既没让孩子养成到处乱翻的习惯，又没扼杀孩子的探究欲望。

培养孩子做一个勇于承担责任的人

孩子的责任感应该从小培养，父母要让孩子懂得，没有人可以无条件包容他的一切错误，要让孩子对自己做的事承担责任，树立起责任意识。例如：很多孩子常常会把一大堆玩具弄得满地都是，还会把茶几弄得脏乱不堪……很多父母看到这种状况可能首先会大发雷霆，然后再去为孩子收拾乱摊子，当孩子对父母的批评指责“免疫”之后，他还会继续我行我素。如果这个时候，让孩子和父母一起收拾玩具，并把茶几收拾干净，或者父母引导他自己去收拾，把掉落的东西自己捡起来，就会让孩子养成良好的生活习惯。

培养孩子做一个会体谅他人的人

一个不了解别人感受的人，是很难体谅别人的。或许父母不想让孩子过早知道成人的世界有太多的辛苦和不如意，但让孩子了解父母的感受，体谅父母的辛苦，知道父母对他的爱，让孩子学会感恩，做一个会体谅他人的人却很重要。所以，父母要让孩子知道自己上班的辛苦，在很累的时候需要休息，希望他能自己玩，不要打扰父母；要让孩子知道要妈妈抱着他走会很累，让孩子自己走路；要让孩子知道打别人，别人会很痛，想打别人先打自己试试看；要让孩子知道父母也会有不对的地方，是父母的不对，父母会主动向他道歉；要让孩子知道人是不可能不生病的，在他生病时，他必须坚强起来，承受疾病带来的不适……当孩子学会体谅父母，相信他一定会成为一个知道感恩的人。

培养孩子的创新意识

创新是一个人发展的动力及灵魂，我们要培养孩子的创新意识。面对孩子的一些稀奇古怪的想法，或者感兴趣的事，只要是正确的，父母就要给予鼓励，还要想方设法支持孩子，满足他们的要求。相信孩子，正确对待孩子的创新意识，孩子就会更有信心，也会正确面对挫折。

孩子的性格都是在日常生活的点点滴滴中培养积累起来的，作为父母，我们都希望自己能更努力地探索，使孩子成为一个受欢迎的人、一个高情商的人、一个成功的人！

细心发现孩子的性格弱项

无论父母怎么精心去培养孩子，但当孩子经历各种不同的境遇之后，却并不一定会向父母预期的方向发展。孩子的性格中也许还会存在一定的弱项，而父母要细心发现孩子性格中的劣势，正确引导孩子。

自以为是

有些孩子面对自己的优势常常会表现为自以为是，这类孩子往往充满自信，很有可能是一群孩子中的领袖人物，因此会觉得自己样样都行，而且会在其他孩子面前表达出“我最厉害，我最聪明，你们都比我笨”的意思，常常会露出一副得意扬扬的模样。而这类孩子存在最大的问题就是自大、耐挫力较低。

◆ 解决策略

先找出一项孩子自认为非常得意的能力。例如：他觉得自己投球很准，父母就以这项活动来挑战。爸爸可以向孩子发出比赛的邀请，并认真地投球，手下绝不留情，赢过孩子，杀杀孩子的锐气。但千万记得不要和孩子一样，用语言来强调自己的能力。通常，自以为是的孩子到了这个时候就不想再玩了，或是不愿意承认自己技不如人。父母要把握好这个“关键时刻”，让孩子知道每个人的特长不同，所以不论输赢都应该谦虚待人。等孩子平静下来，再和他聊聊怎样投球才会得高分，与他分享投球的秘诀，这时，他会乐于接受你的意见。如果下回孩子又故态复萌，可以和他一起回想那次投球比赛的经过，并让他自己讲一讲当时的感受。

固执己见

我们常常会听到一些父母说自己家的孩子比较犟，其实，这一类型的孩子有很多自己的原则和喜好。比如所喝牛奶的温度、亲人的发型衣着或是和其他小朋友玩游戏时的规则，都要听他的，否则就会生气、发怒、哭闹。这类孩子适应环境的能力通常较差。

◆ 解决策略

把孩子的房间布置成属于他自己的安静空间——一个可以听音乐、画画的地方。和孩子约定，每当他有坏脾气要发作的时候，先冷静下来，离开现场，回到他的房间里去聆听一段舒缓的音乐，或是画出心中的愤怒，等到心情平缓一点，才能回到现场，再心平气和地解决自己感到不满意的事情。

索求无度

有些孩子只要看到自己感兴趣的东西就会不分场合地吵闹着向父母讨要。如果要求没有得到满足，甚至还会在大庭广众之下大哭大闹，时常会弄得父母不知所措。即使遇到有毅力的父母，坚持不给孩子买想要的东西，孩子也会展现出他的“顽强性格”，坚决和父母抵抗到底。

但是，父母一旦买下了孩子想要的东西，下一秒他可能又想要别的东西了。这类孩子的最大问题就是不懂得珍惜。

◆ 解决策略

对这类孩子的应对办法，就是每次出门前都要和孩子进行“勾勾手大约定”，把约定的事情说好后，就大拇指贴大拇指当作盖印章，算是约定好了。如果出门后孩子仍然提出要求，就可以和他做一个大拇指贴大拇指的动作，提醒他：“我们今天是有约定的！”

霸道无理

我们有时在一些公共场合会看到有些孩子表现得霸道无理。例如：在公园玩滑梯的时候，一直坐在滑梯最上面的位置，不让其他小朋友有机会玩。别的小朋友推推他，请他快点滑下去的时候，他就马上翻脸，哇哇大哭起来。这类孩子最大的问题就是不懂得尊重他人。

◆ 解决策略

可以和孩子一起玩障碍游戏。在游戏的过程中，父母要引导孩子穿越重重障碍，但不要主动帮他排除障碍，让他尝试被阻挡的滋味。游戏结束之后，与孩子一起讨论游戏过程中有哪些地方让他不舒服，借此让他反省阻挡别人的霸道行为会让别人心里多么不舒服，进而学会尊重他人。

冷漠自私

在很多独生子女的家庭，孩子习惯了独享，在与人相处的时候，可能会表现出些许的冷漠和自私。例如：自己的玩具不让其他小朋友玩，不许妈妈抱别的小朋友等。这类孩子最大的问题是不合群、缺乏同情心。

◆ 解决策略

可以让孩子多和小朋友一起玩耍，可以和邻居家的小朋友举行小型的玩具交换活动。和孩子一起挑选玩具，观察孩子的反应和选择。不论孩子挑选了哪一种玩具——最不喜欢的、即将要丢弃的或者是他最喜欢的，都不要干预或阻止。问问孩子为什么要挑选这个玩具，倾听孩子的理由，并让他了解：如果他想玩其他同伴好玩的玩具，那么他也应该提供一个好玩的玩具，这样大家才有可能玩到更多好玩的玩具。孩子可以通过这样的交换活动慢慢学会与他人分享。

绝不认输

有些父母说自己家孩子“嘴硬”，其实，这类孩子也很常见。例如：小真和姐姐玩跳棋，玩到最后，以一格之差输给了姐姐。气不过的他就把整个棋盘都打翻了。这类孩子最大的问题就是：得失心太重、压力过大、缺乏自信。

◆ 解决策略

父母和孩子下棋或是玩扑克牌，一开始故意输给孩子几次，但是在面对“失败”时要表现出应有的风度。输了几次之后，父母便可以大显身手，赢孩子几次并观察他的反应。如果孩子又是一副“输不起”的模样，父母可以帮助他回想刚才父母输棋时的态度，并且让他知道如果他继续生气的话，游戏就必须立即停止，他也就失去了赢的机会。如此反复多次，让孩子了解游戏本来就是有输有赢。最后，父母还可以适度地赞美孩子在游戏过程中表现出的积极的态度，鼓励他以一颗平常心看待输和赢。

就爱顶嘴

有些孩子明明知道自己犯了错误，但是死不承认，常常令父母无可奈何。这类孩子会觉得凡事都是别人的错，他们在对每件事情抽丝剥茧后，总觉得是自己受了委屈。即使有长辈要对他进行惩罚，他也会据理力争，毫不退让。而这类孩子存在的最大的问题就是缺乏长幼有序的观念和叛逆。

◆ 解决策略

父母可以准备一套相对应的图卡。例如：兔子与胡萝卜相对应，桌子与椅子相对应，彩色笔与画图相对应……把这些对应的图卡打乱，引导孩子将对应的两张卡片配起来。在游戏过程中，父母可以做提示的动作，但不要直接参与游戏，以免破坏孩子游戏的乐趣与成就感。在孩子完成游戏之后，父母可以在“对答案”的时候和孩子进行讨论，什么样的角色可以做什么事情，什么事情做了之后会有危险，哪些事情不可以做。在讨论过程中，请他反思父母的话有没有道理，而他自己顶嘴的态度究竟对不对。

面对孩子性格中的不足，父母不要“讳疾忌医”，要找出孩子性格存在的问题，然后对症下药，这样才能逐渐改掉孩子性格中的劣势，发挥性格中的优势。

定制最适合的教养方案

蔡元培先生在《中国人的修养》一书中说：决定孩子一生的不是学习成绩，而是健全的人格修养。最好的家庭教育是什么？是父母应该帮助孩子建造一个良好的人生平台，让孩子具备良好的人格修养，懂得做人，懂得成功的真正含义。成功的家教源于父母与孩子之间良好的相处模式，良好的教养首先要定制适合自己孩子的教子方案。

给孩子充分的玩耍时间

爱玩是孩子的天性。很多儿童教育学家都指出：自由玩耍比起有计划性的活动，对学龄前的孩子来说更为有益。

父母要避免将孩子的时间塞满各种活动，每天安排一个小时作为孩子的自由活动时间，只要孩子的行为是安全的，就不要干涉，随便他做什么。父母即使在百忙之中，也要努力挤出一些陪伴孩子玩耍的时间，当孩子在父母的身边调皮捣蛋的时候，偶尔还会有些令人惊喜的表现时，也要及时给予安慰和鼓励。

教导孩子关爱他人

尽量给孩子提供关心、帮助他人的机会，如让他把家里的旧玩具收集起来送给需要的小朋友，帮妈妈做力所能及的家务等。让他们明白家庭成员之间要相互关心，与他人相处要懂得分享，这样的生活才会更有意义。专家指出：即使是在很小的年龄，孩子也能从帮助他人的过程中，获得快乐，并养成喜欢帮助他人的习惯。在这个过程中，孩子既发扬了一种美德，又能享受到意外的快乐。

陪孩子一起多运动

适量的运动可以促进孩子大脑的发育，促进孩子身高的增长，预防疾病，塑造良好的性格等。父母陪伴孩子玩球、骑脚踏车、游泳……多参加一些体育运动，不但可以锻炼孩子的体能，也会让孩子变得更加开朗。保持动态生活能够有效缓解孩子的压力与情绪，并且让孩子喜欢自己，拥有较正面的身体形象，并从运动中发现乐趣与成就感。

教导孩子保持微笑

人们常说："笑一笑，十年少"，可见笑对人的健康十分有益。微笑是人与人之间最好的沟通语言，常和孩子说说笑话，一起编些好笑的故事，陪孩子一起开怀大笑，有益于孩子保持良好的心态，让孩子感受生活是美好的。

给孩子的赞美要适合

当孩子表现很好时，不要只是说："很好"，赞美要具体地说出细节，指出有哪些地方让人印象深刻，或是比上次表现更好。例如，"你今天主动跟阿姨说早安，真的很有礼貌"。不过，赞美时也要注意，不要养成孩子错误的期待。有些父母会用礼物或金钱奖赏孩子，让孩子把重点都放在可以获得哪些报酬上，而不是良好的行为上。父母应该让孩子自己发现，完成一件事情所带来的满足感与成就感，而不是用物质报酬来奖赏他。

给孩子健康的饮食

健康的饮食，不仅能让孩子身体健康，也能让孩子的情绪较稳定。不论是正餐还是点心，都应尽量遵循健康原则。例如：低脂、低糖、新鲜、均衡的营养等。

尊重并支持孩子的兴趣爱好

父母要尊重孩子的兴趣爱好，父母的鼓励和支持，会激发孩子的艺术天分，而多让孩子接触音乐、美术、舞蹈等活动，可以丰富孩子的内心世界，提高孩子的综合素养。专家发现，当孩子随音乐舞动，或是拿着画笔涂鸦，其实，都是在抒发他的内在世界、表达情感。孩子喜欢画画、跳舞或弹奏音乐，也会对自己感到比较满意。

不做完美主义父母

无论做什么事，人人都希望完美，对于孩子，父母更期望他能展现出最好的一面。可是，有时候太过急切地纠正或改善他们的表现，可能会适得其反。例如：嫌弃他们没把桌子擦干净，干脆自己再擦一遍；或是纠正他们一定要把东西摆到一定的位置，结果，孩子不仅嫌弃父母唠叨，更不爱听你的话。事事要求完美，会减弱孩子的自信心与不怕犯错的勇气，每当父母觉得孩子做得不够好，想对孩子发脾气时，可以先问问自己，这件事跟健康或安全有关吗？做的事情比孩子还要重要吗？如果不是，那么就放手让孩子去做吧。

培养孩子积极解决问题的意识

孩子从学会走路到独立穿衣吃饭，每一次进步都是迈向更独立的里程碑。当孩子发现自己有能力去解决问题，他就会感到快乐而有成就感。所以，当孩子遇到阻碍时，父母可以引导他一步步解决问题。先确定他要解决的问题，再让他描述自己的解决方式，最后与孩子一起协商解决的办法。慢慢地，孩子自己就会积极地去解决问题。

当然，教养孩子还有很多有效的方案。例如：经常给孩子拥抱，表达对他的关怀，用无声的爱去平复孩子的不安情绪；做一个认真聆听的父母，适时给孩子回应，让孩子感受到父母的关爱；给孩子创造发挥特长的平台，让孩子享受成功的喜悦等，都可以带给孩子最好的教养。

针对孩子成长，给孩子最合适的教育

每个孩子的成长，都会显现出不同的性格特点，父母要根据孩子的心理特点，给孩子最合适的教育。要注重孩子的综合素质、人格塑造、情商培养、谋生能力等方面的培养。俗话说“一把钥匙开一把锁”，当我们面对不同的孩子，就要有不同的对策，选取最合适的教育方法，才能收到良好的效果。

下面介绍几种孩子的典型特点及应对的教育策略。

小宇今年九岁了，在妈妈眼里，他是一个太能折腾的孩子。在家里，不是在床上一蹦多高，就是在沙发上跳个没完，好不容易玩会玩具，也是连喊带叫的，就没有一刻消停的时候；在学校里，小宇接受知识特别快，接受能力很强，但是却坐不住板凳，总会和同学打架，让父母和老师头疼不已。

这是典型的精力过剩的孩子。这类孩子通常很有主见，很多父母会觉得孩子很不好管理，或者在管教的时候会缺乏耐心。但恰恰是父母耐心的教育与疏导，对这类孩子最有教育效果。通过讲道理，使孩子明白自己的一些“主见”并不那么好，并不那么符合社会道德与规范，从而自愿放弃自己的“主见”，克服自己的毛病。

父母要与孩子建立良好的亲子关系，让孩子明白自己不是一个“不听话的孩子”，这样他们容易在心理上接受教育和指导。要给孩子一定的活动时间和空间，适当放手，管教适度，逐步引导孩子走向正确的成长之路。

小冬上小学三年级，妈妈非常犯愁他的学习。老师反映他上课时非常好动，总爱和同桌或前后桌的同学说话，老师的批评，只有效三分钟，过一会儿，小冬就忘了，反复提醒，孩子的听课效果也不是很好。

这是上课不专心听讲的孩子。训练孩子专心听讲，要从日常生活入手，因为生活习惯和学习习惯是紧密相连的。父母首先要培养孩子做事的执行意识。在生活中，父母可以有意识地训练孩子的听话能力，如同时安排给他三、四件事，并告诉他先做什么，后做什么，最后做什么，父母观察孩子是否会按自己的命令执行。同时，父母要有意识地训练孩子的注意力。和孩子讲话，一定要让孩子看着你的眼睛，培养孩子认真聆听的习惯。从小事做起，只要孩子有进步了，父母就要及时表扬，只要孩子注意力集中了，上课也就能专心听讲了。

> 小丽的父母常年在外做生意，小丽的生活起居都由奶奶照顾，父母给小丽提供了优渥的生活条件，却不能时常陪伴在孩子身边。所以，无论孩子提出什么要求，只要是金钱能办到的，父母都一律满足。在这样的教育之下，小丽“吃要精品，穿要名牌”，当父母意识到孩子的行为不妥时，小丽已经养成了做事要排场，事事都与同学进行攀比的习惯。

这是追求金钱与物质享受的孩子。良好的生活条件，可以给孩子提供更好的物质生活保障，但是，这不应该成为孩子用来炫耀的资本。面对这类孩子的教养，父母首先要以身作则，艰苦朴素，给孩子讲自己艰苦的生活经历和赚钱的辛苦。另外，父母还要把家庭收支计划告诉孩子，并适当征求孩子的意见，培养孩子的理财观念。

> 小宝有两个姐姐，在奶奶重男轻女观念的灌输与娇惯下，小宝对任何人都无所畏惧，对父母、师长的教育，充耳不闻，全当耳边风。尽管奶奶最护着他，他对奶奶的话也一样爱理不理。

这是对长辈教育抱无所谓态度的孩子。娇惯孩子的父母，常常会教养出目中无人，不懂感恩的孩子。面对这类孩子的教养，首先要教育孩子理解父母的一片苦心，懂得父母、师长的任何一种教育方法都是为了他们的健康成长，要让孩子有感恩的意识。其次，要在感情融洽的氛围里进行教育，消除他们的“敌意”，使他们愿意听从教导。同时，给孩子说话的权利，多给孩子一点宽容，给他改正的机会。最重要的一点，就是要求孩子做到的事就要坚决执行，建立父母的威严，这样才会利于孩子发展。

有严重惰性的孩子，学习被动，作业不完成或抄袭，做事拖拖拉拉，生活散漫。

对于有惰性的孩子，要以平时的家务事开始训练，不要让孩子养成衣来伸手、饭来张口的习惯，帮助孩子制定计划，并加强督促检查。要从孩子力所能及的日常小事上培养孩子勤劳的习惯，并持之以恒，坚持训练，逐渐改掉孩子的懒惰习惯。

没有最好的教养，只有最适合的教养。父母要根据孩子的成长及性格特点，动之以情，晓之以理，孩子一定会慢慢向着我们所期望的目标茁壮成长。

教育方式要因人而异

每个孩子都有独特的性格类型，或者活泼，或者安静，或者敏感，而不同的孩子，在同一年龄阶段，也会表现出不同的心理特征。而且，随着孩子生长发育的进程，其性格受到生存环境、文化、人际关系等影响，也会产生不同程度的改变。性格并无优劣之分，关键看父母如何去教养。父母的第一要务，就是要摸清孩子的心理发展特点及性格特点，对孩子进行因材施教的教养。因为按照孩子心理发展特点和性格特点所进行的教育，才是对孩子最好的教养。

诺贝尔化学奖获得者奥托·瓦拉赫刚读中学时，父母为他选择了一条文学道路。一个学期下来，老师给他的评语是："奥托·瓦拉赫很用功，但过分拘泥，这样的人即使有完善的品德，也绝不可能在文学上发挥出来。"于是，父母只好尊重儿子的兴趣，让他改学油画。可瓦拉赫既不善于构图，又不会润色，对艺术的理解力也不敏锐，成绩在班上是倒数第一。得到的评语是："非常遗憾，你在绘画艺术方面所表现的素质令人失望，将来恐怕难有造诣。"面对如此"笨拙"的学生，大家都认为他成材无望时，化学老师却发现他做事一丝不苟、耐性专一，具备做好化学实验应具备的素质，因此建议他改学化学。瓦拉赫改学化学后，潜能被激发了，首次成功地人工合成了香料，最终获得了诺贝尔化学奖。

成功专家罗宾曾说："每个人身上都蕴藏着一份特殊的才能。那份才能犹如一位熟睡的巨人，等待着我们去唤醒他。"每个孩子都有自己的闪光点，作为父母，要认清自己的孩子，了解孩子性格的优点和不足，挖掘孩子的潜能，因材施教，扬长避短，相信每个孩子都能成材。

粗放的教养，通常是"一锅煮"，生搬硬套地用一种模式教育所有孩子。精致的教养，则会根据孩子的不同心理需求和性格类型，帮助孩子完成自己的成长。父母有责任去反省自己的人格、自己的修养、自己的胸怀对孩子发展的影响，要有意识地为孩子创造良好的心理环境和成长条件，要永远记得，教养方式不能复制。